# 教育信息化背景下高等职业教育教学设计与应用研究

徐伶俐 ◎ 著

中国纺织出版社有限公司

### 图书在版编目（CIP）数据

教育信息化背景下高等职业教育教学设计与应用研究 / 徐伶俐著 . -- 北京：中国纺织出版社有限公司，2024.
11. -- ISBN 978-7-5229-2215-7

Ⅰ. G718.5

中国国家版本馆 CIP 数据核字第 2024X5G956 号

责任编辑：郭婷　韩阳　　责任校对：江思飞　　责任印制：储志伟

中国纺织出版社有限公司出版发行
地址：北京市朝阳区百子湾东里 A407 号楼　邮政编码：100124
销售电话：010—67004422　传真：010—87155801
http://www.c-textilep.com
中国纺织出版社天猫旗舰店
官方微博 http://weibo.com/2119887771
天津千鹤文化传播有限公司印刷　各地新华书店经销
2024 年 11 月第 1 版第 1 次印刷
开本：710×1000　1/16　印张：11.25
字数：220 千字　定价：88.00 元

凡购本书，如有缺页、倒页、脱页，由本社图书营销中心调换

# 前言

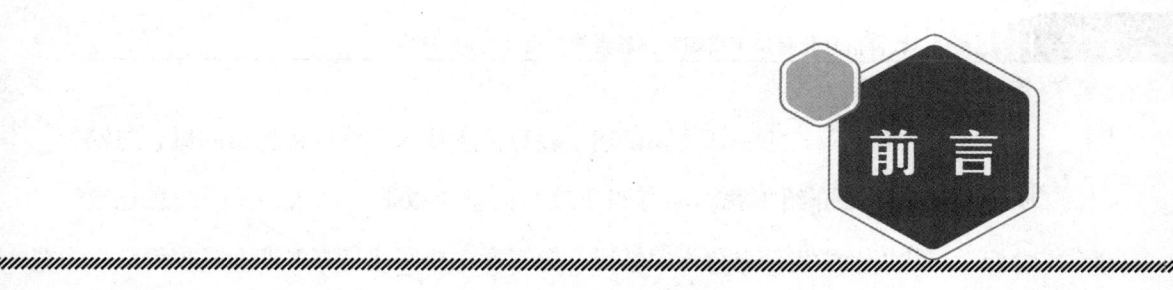

我国教育信息化已进入 2.0 时代。随着信息技术与教育教学的深度融合，教学环境、教学资源、教学方法、教学设计等都发生了深刻的变化。教育信息化手段和方法的不断创新，特别是将数字媒体、互联网、大数据、人工智能等新一代信息技术已融入教育教学工作的方方面面，打破了传统教学中时间与空间的限制，更加注重学习者的自主性、学习内容的丰富性和教学过程的高效性。如何促进高等职业院校教师充分利用信息化教学手段，推动教育教学改革，提高教育教学质量，已成为关乎高职院校教师素质提升的重要课题。

面对日新月异的信息技术和信息技术与教育教学深度融合所带来的教学模式的变化，作为高等职业教育的教师，在深入学习和研究本专业知识与技能、积累教学经验和实践经验的同时，还必须转变教学观念，掌握新型教学方法，提高信息查找能力、信息筛选能力、信息编辑能力、信息再造能力、信息运用能力，以及信息技术与教育教学相结合的能力，努力提升自身的信息化教学素养、信息化教学技能、信息化教学设计和实施水平。为此，笔者立足多年理论研究与实践探索，在把握现代职业教育信息化发展大势和规律的基础上，深入探讨了高等职业教育信息化教学理论，系统地对高等职业教育信息化教学现状、教学资源与环境建设、教学方法、教学设计能力、教学路径与信息教学应用等方面进行归纳总结，推动教育工作者更好地进行信息化教学工作，以期为信息化教学方法在高等职业院校课堂教学中的进一步高效利用提供经验和借鉴。

本书共有七章，第一章主要阐述了教育信息技术和信息化教学的概念与发展历程；第二章介绍了我国高等职业教育信息化教学的现状、教师信息化教学能力现状以及学生信息化学习情况；第三章主要阐述了高等职业院校信息化教学媒体、教学环境以及教学资源等内容；第四章介绍了近年来高职院校使用较为广泛的信息化教学方法，如多维立体教学法、MI-WebQuest教学法以及多维交互式项目驱动教学法等内容；第五章从能力提升的角度出发介绍了教师信息化教学设计能力的相关内容，分析了教师信息化教学设计能力的要素和结构，并提出了教师能力提升的策略；第六章通过具体案例详细介绍了在信息化教学环境下的教学路径设计；第七章阐述了信息化教学的应用措施及发展策略。本书是国内现代职业教育信息化教学理念与实践研究的最新专著，可供一线教师学习践行，也可供研究人员参考应用。

由于作者水平有限，加之时间仓促，书中难免有疏漏之处，恳请读者批评、指正。

徐伶俐

2024 年 2 月

# 目 录

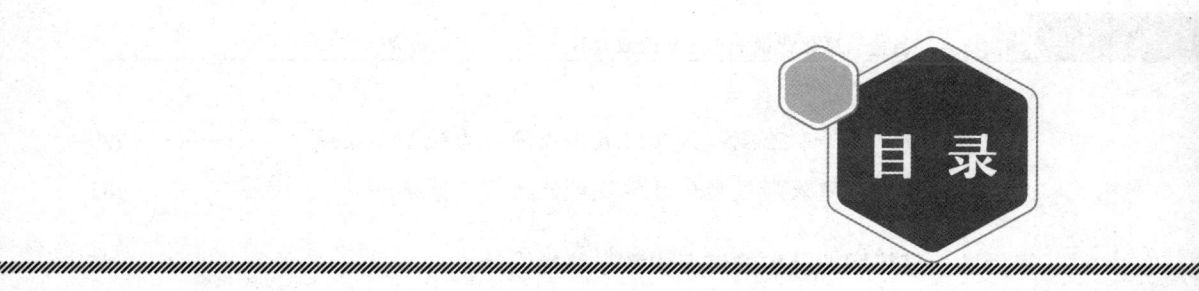

## 第一章　高等职业教育信息化教学概述 …………………………………… 1
　　第一节　高等职业教育信息技术的概念与内涵 ………………………… 3
　　第二节　高等职业教育信息化教学的产生与发展 ……………………… 7
　　第三节　高等职业教育信息化教学的特征与目标 ……………………… 12
　　第四节　高等职业教育信息化教学的理论基础 ………………………… 15

## 第二章　高等职业教育的信息化教学现状 ………………………………… 25
　　第一节　教育信息化推进职业教育现代化 ……………………………… 27
　　第二节　高等职业院校教师信息化教学现状 …………………………… 32
　　第三节　高等职业院校信息化教学的意义 ……………………………… 35

## 第三章　高等职业院校的信息化教学环境与资源 ………………………… 37
　　第一节　高等职业院校信息化教学媒体 ………………………………… 39
　　第二节　高等职业院校信息化教学环境 ………………………………… 46
　　第三节　高等职业院校信息化教学资源 ………………………………… 53

## 第四章　高等职业院校的信息化教学方法 ………………………………… 59
　　第一节　多维立体教学法 ………………………………………………… 61
　　第二节　MI-WebQuest 教学法 …………………………………………… 65
　　第三节　多维交互式项目驱动教学法 …………………………………… 69

## 第五章　高等职业院校的信息化教学设计能力 …………………………… 73
　　第一节　高等职业院校对教师信息化教学设计能力提出的要求 ……… 75
　　第二节　高等职业院校信息化教学设计能力的理论基础 ……………… 77

· 1 ·

第三节　高等职业院校信息化教学设计能力的要素及结构……………79

第四节　高职教师信息化教学设计能力提升策略………………………81

**第六章　高等职业院校的信息化教学路径设计　85**

第一节　基于简易多媒体环境的教学路径设计…………………………87

第二节　基于网络环境的教学路径设计…………………………………99

第三节　基于交互式多媒体环境的教学路径设计………………………112

第四节　基于大型系统仿真教学平台的教学路径设计…………………120

第五节　基于沉浸体验式虚拟仿真软件的教学设计……………………140

**第七章　高等职业院校的信息化教学应用　157**

第一节　高等职业院校课堂信息化教学优化策略………………………159

第二节　高等职业院校课堂信息化教学发展策略………………………161

第三节　高等职业院校课堂信息化教学的应用措施……………………165

**参考文献**………………………………………………………………………**169**

# 第一章
# 高等职业教育信息化教学概述

第一节　高等职业教育信息技术的概念与内涵

第二节　高等职业教育信息化教学的产生与发展

第三节　高等职业教育信息化教学的特征与目标

第四节　高等职业教育信息化教学的理论基础

# 第一节　高等职业教育信息技术的概念与内涵

## 一、信息技术与信息化教学

### （一）信息技术

技术（technology）一词源于希腊语 techne（艺术、技巧）和 logos（言辞、说话）的结合，意味着完美的技艺与演讲。技术是一个历史的、发展的概念。古希腊著名哲学家亚里士多德把技术理解为"制作的智慧"。18 世纪，法国思想家狄德罗在由他主编的《百科全书》中最先对技术下了一个完整的定义："技术是为某目的而共同协作组成的各种工具和规则体系。"我国《辞海》对技术的解释是，"技术泛指根据生产实践经验和自然科学原理而发展成的各种工艺操作方法与技能。除操作技能外，广义的技术还包括相应的生产工具和其他物质设备，以及生产的工艺过程或作业程序、方法"。教育技术学者基于对技术的认识将技术分为两种形态，即有形的物化技术和无形的智能技术。

人们对信息技术的定义因其使用的目的、范围、层次不同而有不同的表述。比如："信息技术就是获取、存储、传递、处理、分析以及让信息标准化的技术。""信息技术是指在计算机和通信技术支持下用以获取、加工、存储、变换、显示和传输文字、数值、图像以及声音等信息，包括提供设备和提供信息服务两大方面的工具与方法的总称。""信息技术是管理、开发和利用信息资源的有关方法、手段与操作程序的总称。""信息技术是指能够扩展人类信息器官功能的一类技术总称。"从广义上讲，信息技术是指信息的获取、整理、加工、存储、传递和利用过程中所采用的一切技术和方法，并且包括物化技术和智能技术。从这个角度来讲，信息技术的发展历程可以概括为五个阶段：第一次信息技术革命是对语言的使用，第二次信息技术革命是文字的发明，第三次信息技术革命是印刷的发明，第四次信息技术革命是电报、电话、广播、电视的发明和普及，第五次信息技术革命是电子计算机的普及应用及计算机与现代通信技术的结合。现今所说的信息技术主要是指现代信息技术，现代信息技术是借助以微电子学为基础的计算机技术和电信技术相结合而形成的技术手段，是对文字、声音、图形、图像、影像等传感信号的信息进行获取、加工、处理、存储、传播和使用的技术。信息技术是一种可以拓展人的信息功能的技术，通常所说的信息技术主要是指利用电子计算机和现代通信手段实现获取信息、传递信息、存储信息、处理信息、显示信息、分配信息等相关技术。

### （二）信息技术与学科融合

学科教学知识（Pedagogical Content Knowledge，PCK）的概念，是在20世纪80年代由美国斯坦福大学舒尔曼教授所提出的有关教师专业知识的相关内容。他指出，学科内容知识与教学方法知识是教师专业知识中最基本的组成元素。在此基础上，美国学者科勒和米什拉在其所发表的文章中对学科教学的内容进行了更深层次的解释说明。他们在整合技术的学科教学知识的概念中指出，整合技术下的学科教学知识由学科内容知识、教学方法知识和技术知识三个核心要素组成，三者交叉融合形成了学科教学知识的复合元素。研究此领域的学者通过对上述两种概念的深入研究，一致认为教师信息化教学能力是通过学科教学知识的整合而体现的。信息化教学在现代具体的教学环境中主要的外化体现，是以整合的技术教学知识（Technological Pedagogical Content Knowledge，TPACK）为根本而形成的。

### （三）信息化教学的概念及特征

长期以来，信息化教学的定义一直是学界范围内最具争议的研究话题之一。张一春教授提出的关于信息化教育的定义在我国该研究领域中得到了普遍认可。他指出，现代化教学理念中关键的理论指导是基于对信息化教学理论的深刻总结，并通过信息技术的技术理论支持来引导现代教育方法的创新。在对该定义进行深入研究与分析后发现，整合技术的学科教学知识概念中所包含的基本要素与信息化教学的内涵存在一致性。二者都主张促进师生共同发展是提高教学质量的关键所在，应依靠信息化教学与信息技术、现代教学理念、现代教学方法、学科知识的融合，推动教学模式的进一步创新。信息化教学是将信息技术与现代教学理念、现代教学方法、学科知识相融合，并促进教师与学生共同发展的教学。分析讨论后发现，传统教学中信息化教学的创新实践，并非局限于信息技术手段的应用，而是在教学过程中转换教师与学生之间在知识传授中的关系，使其在知识的传授与接收中，通过推动指引与主动接收创造，更好地促进教学进程的发展。此外，教学过程中的知识传导也将通过情景创设、问题探究、协商学习、意义构建等方式引导学生成为教学主体。教师的讲解工作也将通过媒体工具的转换，更好地成为促进学生主动学习、协作式探索、意义建构、解决实际问题的学习工具；学生可以利用此种设备进行资料查询、信息探索、协作学习和会话交流。

信息化教学的研究主体和研究对象均为教学，主要是为了达到利用先进的技术手段实现信息化教学的目的。对于教师而言，信息化教学意味着在信息化的背景下组织教学，而从社会层面上来讲，信息化教学意味着教学的现代化改革发展，这种信息化教学涵盖了教学组织的方方面面。

在信息化教学领域中，计算机网络教学是当下学者研究的热点。同时，将信息化教学同教育改革相结合而衍生出的立体信息化教学，也成为推进教育事业走向现代化的必经之路。

### 二、教育信息技术的概念

本书中的信息技术主要是"教学信息技术"，即课堂教学中使用的信息技术，它包括教师教导活动中和学生学习活动中所运用的信息技术的总和。也就是说，教学信息技术是指教师在教导活动和学生在学习活动中所运用的一切信息技术手段和方法的总和。理解"教学信息技术"与"教育信息技术"两个概念的关系，可以从教学和教育的关系入手，教学是践行教育宗旨、实现教育目标的重要途径之一。可见，教学是教育的下属概念，教学信息技术仅仅指教师教导与学生学习过程中所应用的信息技术手段和方法，是教育信息技术的一个重要组成部分。

"教学信息技术"的分类和功能可以帮助我们更好地了解其本身的含义，从而使我们掌握教学信息技术的内涵和外延。教学信息技术的几个应用阶段分别是教学准备阶段、教学实施阶段以及教学评价阶段。首先，教学准备阶段的信息技术应用包括在互联网查找教学资源、制作多媒体课件、学习教学方式、开发教学平台等。其次，教学实施阶段的信息技术应用包括教师利用多媒体进行授课、利用问答系统对学生进行提问、利用教学监控系统对学生的学习行为进行监测、学生利用 Web 平台进行自主学习以及远程观看教师授课等。最后，教学评价阶段的信息技术应用包括教师利用学习文件夹对学生学习进行评价、教师利用软件对学生学习情况进行分析以及学生利用考试系统参加考试等。

对于信息技术教学功能的研究，不同学者对此有一致的表述。信息技术的教学功能主要有以下七点：一是建立教学情境，从而提升学生的学习兴趣；二是有助于复杂过程的呈现，可以帮助学生更好地对其进行分析；三是信息技术支持下的教学资源丰富，有助于学生思维的提升；四是促进资源共享，可以加强师生在教学过程中的良好交流；五是提升学生自主学习的能力，可以促进学生间的协作学习；六是加强课程整合，可以提高信息技术应用能力；七是具有即时评价系统，促进教师对教学工作进行反思与总结。此外，就信息技术的服务对象来看，信息技术的教学功能还包括教导工具、认知工具、学习资源。信息技术是支持教师教导学生的重要工具，主要体现在信息化教学支持、课堂教学支持、教学评价支持和教师专业提升支持方面。信息技术对教师教导学生学习起到重要的推动作用，信息技术应用于教学主要体现在以下几点：为教学课程和学习资源提供获取工具、为教师探究学生学习情况提供获取工具、为激发学生学习兴趣提供获取工具、为促进学生合作交流提供获取工具、为知识构建和创作实践提供获取工具、为学生自测和学习反馈提供获取工具。信息技术在学习资源方面的主要体现是提供教学资料、学习支持以及创设学习环境等。因此，信息技术是教师与学生之间友好交流的重要媒介，可以促进教师与学生在学习上更好地互动。

## 三、教育信息技术的内涵

教育信息技术是信息技术的引申，主要代指教育领域的信息技术。李祺❶对教育信息技术的内涵进行了深入研究，他认为教育信息技术的内涵主要有以下五点：一是教育信息技术属于信息技术，是信息技术的类型之一，具有信息技术的主要特征和属性；二是教育学、信息科学、信息论以及系统科学理论是教育信息技术的理论基础，信息资源、信息技术以及人是教育信息技术的实践基础；三是教育信息技术的实践以教育信息为核心，以先进的科学技术为手段，而后不断发展；四是教育信息与信息技术共同构成教育信息技术，是推动教育信息化的重要途径；五是教育信息技术是多种技术的综合体。因此，教育信息技术是以教育科学、信息科学为主，以信息技术的原理、方法、获取、处理、传播、控制和使用为辅，以此形成的教育活动中应用信息技术的总和。

---

❶ 李祺.论信息化教育［J］.电化教育研究，2003（10）：1-5.

## 第二节　高等职业教育信息化教学的产生与发展

信息化教学在教学改革实践中不断发展，是视听教学逐渐转变为信息技术教学的过程，以此实现信息化教学实践。现代信息技术的快速发展使得教学成效得到明显提升，促进了教育教学的发展。

### 一、信息化教学的形成与发展

#### （一）视听教学理论的形成与发展

19世纪末，将模型、地图、实物、照片、幻灯、无声电影等被应用于教育领域，它们向学生提供生动、直观的视觉形象，增强了教学的直观性。许多教育工作者开始对这些新技术的教育应用进行开发和研究，形成了视觉教育。1923年7月，美国成立了全美教育协会的视觉教学部。在1918年至1928年间，视觉教学实践不断发展，在教师培训、学术研究等方面都有所发展，取得了视觉教学理论的实践成效。在20世纪20年代末，随着技术逐渐发展，出现了有声电影和广播录音技术，使视觉教育逐渐深入教育教学实践，推动了教育教学的发展。然而，由于学校中缺少视听教学的相关设备和资料，导致其发展日渐缓慢，甚至陷入停滞。

第二次世界大战期间，视听教学在工业和军队的训练中得到了大力发展，视听教学理论得到了实践的检验和肯定。1947年，全美教育协会的视觉教学部正式更名为视听教学部。1946年，戴尔在总结视听教学理论和视听教学实践的基础上，提出了著名的"经验之塔"理论，该理论依据各类媒体所提供的学习经验的抽象程度做了系统分类，并概括了应用的原则。这个理论成为教学过程中教学媒体应用的主要依据和指导思想。

在1955年至1965年期间，语言实验室、电视、教学机、多种媒体综合呈现技术、计算机辅助教学先后问世，并在教学中得到应用。同时，由于教育领域受传播理论的影响，并且来自属于视听和不属于视听领域的许多资源都要求得到统一说明，使得传播的概念和原理引入了视听教学领域。就此，人们开始把目光从传播手段方面转向了动态的、多维的教学过程方面，从仅重视教具、教材的使用转向高度重视教学信息从教师经各种媒体传送到学生的整个传播过程。为此，人们试图用视听传播、教学资源等来定义、开拓这个领域。1961年，视听教学部成立了定义与术语委员会，从学习理论和传播理论的角度重新认识了视听教学的理论。从传播理论的角度来认识教学过程，体现出媒体已成为教学传播过程中的基本要素之一，从而形成了促进有效教学的一种模式——依靠教学资源来促进有效教学的思想以及利用媒体辅助和传播的教学方式。

**（二）程序教学理论的形成与发展**

个别化教学是一种满足个别学习者需要的教学。个别学生的自学，在方法上允许学习者自定目标、自定步调，自己选择学习的方法、媒体和材料。

早期的个别化教学作为一种普遍的教学方法，在19世纪初就已经存在。在1912年至1913年间，伯克为旧金山的一所师范学校的小学设计了一个教学系统，这所学校的学生可以按照自己的进度学习教师编写的自学材料。1924年，心理学家普莱西设计了一台自动教学机，主要实现学生测试的自动化，但也包含允许学生自定步调、积极反应和即时反馈等原则。

1954年，斯金纳发表了《学习的科学和教学的艺术》一文，指出了传统教学方法的缺点，提出使用教学机器能解决许多教学问题，推动了当时的程序教学运动的发展。斯金纳根据自己的操作条件反射和积极强化的理论设计教学机器和程序教学，后来还发展了仅用程序课本而无须教学机器的程序教学。斯金纳的程序教学的基本思想是在教学过程中贯穿强化理论的应用，早期的程序教学有如下特点：小步子，积极反应，及时反馈，自定步调及低差错率。

在20世纪60年代初，程序教学运动达到高潮，此后则开始衰退。出现这种现象的原因之一是开发有效的程序教材需要进行系统的设计和实验，这样就需要投入大量资金，因此出版商纷纷退出这一领域。但程序教学影响和促进了系统化设计教学的发展，推动了个别化教学的研究，如凯勒的个别化教学系统、掌握学习法、导听法、个别化规定教学、学习程序、个别指导教育等。

在20世纪50年代末，计算机开始用于教学和训练，早期的计算机辅助教学系统的产生受到斯金纳程序教学的强烈影响，由于程序教学使用教学机器，因此人们也把计算机辅助教学系统看作机器教学，是程序教学的延续和发展。早期的计算机辅助教学系统主要用于模仿传统的课堂教学，代替教师的部分重复性劳动，但未能充分发挥计算机的潜在能力。由于计算机容量的扩大和软件系统的改进，计算机不仅可以实现教学资源的共享，还可以根据学生的学习情况选择适合的教学资源，使学生从被动听课转变为积极介入教学。可见，计算机辅助教学系统较好地体现和实现了个别化教学的目标。

在一系列的个别化教学实践中，形成了一种以学习者为中心的个别化教学模式，强调学习者的学习效果是教学的目的和衡量教学质量的标准。由于程序教学的理论基础是行为主义的强化理论，这种理论促进了对学习者学习特性的研究，所以在程序教材的开发过程中，综合应用了行为主义的一些重要概念，形成了系统分析、设计的开发方法和程序，这种行为科学和传播理论一起成为早期现代教育技术形成的主要理论基础。

**（三）系统教学理论的形成与发展**

系统化设计教学又称为教学系统方法，是一种系统地设计、实施和评价教与学全过程的方法。

系统设计教学的方法来源于设计和改进教学的一种经验主义方法，这种经验主义的方法可追溯到17世纪。夸美纽斯提出采用归纳法来分析和改进教学进程。

20世纪20年代，人们开始利用经验主义方法帮助解决教学问题。由斯金纳等所描述的关于编制程序教学的过程是利用经验主义方法解决教育问题的一个典型实例，也是系统化设计教学概念发展的一个重要促成因素。程序教材的编写过程包括后来在系统化设计教学模式中的许多内容。例如，收集有关程序教学材料效果的数据，找出其应用于教学中的缺点并修改材料，这些尝试为以后的形成性评价及修改等重要概念奠定了基础。

有关行为科学的一些概念，如任务分析、行为目标、标准参照测试和形成性评价为系统化设计教学方法的形成提供了科学的依据。

在20世纪60年代初，加涅、格拉泽、布里格斯等将上述任务分析、行为目标和标准参照测试等理论、概念与方法进行有机结合，提出了早期的系统化设计教学模型，当时称为系统化教学和系统开发。在20世纪60年代后期，布朗等提出了系统化教学的模型，其模型的一个显著特点是所有的教学设计活动都以学生为中心，充分考虑学生的需要和能力，根据学生达到学习目标的情况改进教学。

在改进教学的实验方法的实践中，由于受到行为科学的理论与概念的影响，特别是程序教学的课程开发模式和一般系统论的影响，逐渐形成了教学过程系统化设计的思想和分析、设计、实施、评价的教学系统方法与实践模式。

### （四）现代教育理论的形成与发展

在 20 世纪 20 至 50 年代，视听教学方法、程序教学方法和系统化设计教学方法三者基本上是各自发展的。但 20 世纪 60 年代后，这三种教学方法中的概念和模式开始相互影响，如传播理论影响视听教学领域，传播模型提示影响教学传播效果的众多因素及其相互之间的联系与制约，而在以后的程序教学运动中才真正体现出教学过程中系统分析的重要性。在教学过程中，影响和决定教学效果的变量十分复杂，只有掌握教学过程中应用系统研究的思想和方法，才能对教学过程进行系统分析，找到提高教学效果的有效手段和方法。

现代教育技术是利用更广阔领域的学习资源，强调个别化学习和利用系统方法三种概念整合而成的一个总的促进学习的方法，是由这三个概念整合而成的一种分析、解决教育和教学问题的综合技术。

## 二、我国信息化教学的发展历程

信息化教学作为一种新兴的实践和研究领域，在美国始于视听教学运动，在我国则始于电化教育的出现，经历了从电化教育向教育技术（现代教育技术）发展的历程。电化教育的出现和发展，对我国教育事业的发展和教学改革产生了积极的影响。

### （一）电化教育的出现与初步发展

我国电化教育始于 20 世纪 20 年代国内的幻灯教学实验，而电化教育一词的出现大约在 1936 年，那是对幻灯、电影、录音等媒体的教育形式的总称。

在中华人民共和国成立以后，电化教育取得了初步发展。首先是社会上的电化教育的发展，比如有些地方创办了俄语广播学校、电视大学等；其次是学校的电化教育得到了发展，有的高职院校开设电教课，大学建立专门的电化教育机构，语言实验室在外语教学中开始得到应用。在这个阶段，我国开始尝试利用媒体技术开展教学。

## （二）现代教育技术的迅速发展

电化教育之后，现代教育技术在全球范围内，包括中国，都经历了极其迅速的发展。这一发展不仅深刻改变了教育的方式方法，还极大地提升了教育的质量和效率。

1．数字化与信息化

随着互联网的普及和信息技术的发展，大量的教育资源被数字化，包括电子书籍、在线课程、虚拟实验室等，使得学习不再受时间和空间的限制。各类教育信息化平台应运而生，如学习管理系统（LMS）、在线协作工具、智能教学系统等，为教师和学生提供了丰富多样的教学和学习工具。

2．多媒体与互动教学

在多媒体技术的应用，视频、音频、动画等多媒体元素被广泛应用于教学中，使得教学内容更加生动有趣，有助于激发学生的学习兴趣和积极性。同时可以采取互动式教学。通过虚拟现实（VR）、增强现实（AR）等技术，学生可以参与到更加真实、互动的学习环境中，提高学习效果和体验。

3．远程教育与在线教育

在远程教育的发展中，电化教育为远程教育奠定了基础，而现代教育技术的发展则进一步推动了远程教育的普及和深入。现在，人们可以通过网络随时随地参加各种培训课程和学习活动。同时，在线教育平台的兴起。如慕课（MOOCs）、直播课堂等在线教育平台，为更多人提供了接受高质量教育的机会，促进了教育公平。

4．人工智能与教育

人工智能技术被应用于教育领域，如智能批改作业、个性化学习推荐、自动答疑等，减轻了教师的负担，提高了教学效率。在后期的学习分析与评估中，教师可以通过大数据分析，教师可以更准确地了解学生的学习情况和需求，为学生提供更加个性化的学习指导。

5．教育技术的创新与融合

现代教育技术的发展促进了不同学科之间的融合与创新，如医学教育与虚拟现实技术的结合、艺术与数字媒体的结合等。随着云计算、大数据、物联网等新技术的不断涌现和应用，现代教育技术也在不断创新和发展，为教育带来更多可能性和机遇。

总之，电化教育之后现代教育技术的迅速发展极大地推动了教育的现代化和信息化进程，为培养更多具有创新精神和实践能力的人才提供了有力支持。

## 第三节 高等职业教育信息化教学的特征与目标

目前，信息化教育的发展进入了一个多方面、多学科参与的新阶段，不仅学校和教育行政部门投入、支持和关心这一事业的发展，社会各界包括科技、生产、服务、管理等部门也对这一事业产生了兴趣，并给予支持。信息化教育给教育带来的是一场教育生产力的革命，它所引起的是整个教育观念、教学环境、教学方法、教学组织形式、教学手段、教育中人与人的关系、教与学中的各种行为的变化。

信息化教学，就是在现代教育思想和理论的指导下，主要运用现代信息技术，开发教育资源，优化教育过程，以培养面向21世纪能够参与国际化竞争的人才和具有创新精神及实践能力的劳动者为目标的一种新的教育方式。

### 一、信息化教学特征

#### （一）强调现代教育观念

现代教育观念是在传统教育观念的基础上发展起来的，体现的是由社会需求所决定的教育价值取向的变化，教育观念也会随之改变。现代教育的根本任务是促进学习者的全面发展和个性化发展，使学习者树立终身学习观，使教育和劳动、学习和工作相互交替进行。在教育教学的过程中，教师和学生都是主体，想要充分发挥两者的主动性和创造性，不仅要强调教师的主导性，也要承认、尊重和发展学生的个性，强调个别化的教学与学习。现代教育观念强调教与学的辩证统一，既重视教师的教，也重视学生的学。现代教育观念指导下的教学不仅关注传授知识和技能，而且以素质教育为指向，强调创新精神与实践能力的培养。

## （二）应用新型教学模式

信息化教学以基于现代教育技术构建的新型教学模式为核心，信息化教学的新型教学模式倡导以教师为主导、以学习者为主体的学习。信息化教学是新型的教学模式，是以学生为主体开展教学，而不是传统的灌输式教学。信息技术下的教学模式以教学目标、教学过程、教学资源的结合为主，以此提升学生在教学实践活动中的主体地位。

信息化的主要要素包括学生、教师、教学信息以及学习环境，这四个要素是相互作用、相互联系的关系，共同链接成稳固的信息化教学模式。信息化教学具有交互性、创设性的特点，可以生动、直观地展示教学情境，从而提升教学成效。

信息资源有超文本和超媒体链接之分，可以呈现出思维的复杂性，提升学生分析、解决问题的能力，从而完成知识意义的建构。在教学实践中，合理地利用信息资源可以提升学生的学习兴趣，促进学生对知识的理解和吸收。随着信息技术的发展，其已经被大量应用在教学中，因此，教师需要正确认识信息化教学，不断提升自身信息化教学能力，以丰富的教学内容提升学生的综合实力。信息技术教学是传统教学模式在信息化时代所做出的转变，是在现代教育理念的基础上进行的教育教学实践活动，是高等职业教育在信息化时代中发展的必然结果。信息技术教学是提升学生学习能力，培养学生信息技术素养和创新精神的重要模式。

随着信息时代的来临，信息技术已全方位渗入社会的各个领域。信息化教学作为现代信息技术与教学实践科学相结合的一种新的教学形态，不仅从手段和形式上改变了传统教学，更从观念、过程、教学方法及模式等层面赋予了教学新的含义。教学中突出学生的主体地位、教师的主导作用，使学生在学习过程中得到锻炼，进而培养学生的创造性思维和创新能力。

## （三）采用现代信息技术

信息化教学必须以现代信息技术为支撑。在教育中应用的现代信息技术，可以分为硬技术和软技术。现代教育技术所涉及的技术主要有三类：一是现代媒体技术，即多媒体技术、计算机技术和网络技术，这是一些物化形态的硬技术；二是运用现代教育媒体进行教育教学活动的方法，即媒体教学法，这是一种智能形态的软技术；三是教学系统设计技术，即优化教育教学过程的方法，这是一种应用广泛的智能形态的软技术。信息化教学通过发挥现代信息技术的优势，可以构建有效地呈现、传递、处理信息的新型教学模式。

### （四）利用信息化教学资源

信息化教学资源是指以数字形态存在的且蕴含着大量教育信息，并能创造出一定教育价值的各类信息资源。在信息化教学中，教育资源是关键因素。没有丰富的、高质量的数字化教学资源，就谈不上让学生自主学习，更不可能让学生进行自主发现和自主探索学习。信息化教学要做到教材立体化（多媒体化）、资源全球化、教学个性化、学习自主化、活动合作化和教学环境虚拟化。

## 二、信息化教学的目标

### （一）提高学习者的信息素养

信息化教育以培养和提高学生的学习能力和信息素养为主，这是信息化教育的重要目的。信息素养主要有信息意识、信息知识、信息能力、信息道德等。其中，信息能力主要包括信息工具运用能力、信息获取能力、信息处理能力、信息生成能力、信息创造能力、信息效益发挥能力、信息协作能力和信息免疫能力。信息能力是现代人应具备的最基本的能力，这是人们得以更好地生存的根本，对人们的生活、学习、工作有直接的影响。

### （二）帮助学习者树立终身学习的意识

在快速发展的经济变革进程中，要求在岗人员不断补充和更新知识、提高个人的技术水平。如果没有终身学习的意识和能力，就难以在21世纪生存。因此，信息化教学的另一个目标就是培养学习者的终身学习能力。

### （三）培养学习者的创新思维与实践能力

信息化教学是以培养人的创新精神和实践能力为基本价值取向的教育，它不同于传统教育的最显著特征是关注人的发展。信息化教学以现代信息技术为支撑，强调将信息技术与学科课程进行整合，创设学习环境，调动学习者主动学习的欲望，把学习者的主动性、积极性充分调动起来，使学习者的创新思维和实践能力在课程整合中得到有效锻炼。

## 第四节　高等职业教育信息化教学的理论基础

### 一、多元智能理论

多元智能理论的提出者是美国著名心理学家霍华德·加德纳。加德纳提出人的智能是指个体在具体情境中解决问题的能力。人的智能包括语言智能、音乐智能、空间智能、逻辑智能、运动智能、自然智能、内省智能和人际交往智能。由此，在多元智能理论的指导下，加德纳对学校教育评估制度提出了以下两个基本理念。

第一，智能本位评估。最早发明智力测验的人对个体智能发展的多元性缺乏深刻的认知，因此，把人的智能分为个体语言表达智能和数理逻辑智能两类。随后，心理学的发展淘汰了单一的智能评估体系。个体可以通过不同的方式表达出自身的能力。因此，学校不能以单一的教学方式对学生进行教育，应当以多元化的教学方式激发学生个体的学习兴趣，同时建立多元化的评估体系。对此，美国学者戴维·内热也提出了类似的观点，并在《评估中的多元智能方法》一书中将这种评估称为"智能本位"的评估。

第二，情境化评估。加德纳认为不具备情境的考试方式扭曲了评估的根本功能，这种不带情境的评估方式与课程、教学相分离，因此，评估是在非情境化下进行的，是人为控制的产物，对被评价者的评估也就不具有准确性。而情境下的评估是在充分考虑教师个体差异的前提下进行的评估，是对教师教学轨迹的准确记录，因此，可以反映教师真实的教学水平。

### 二、建构主义理论

建构主义理论认为学习评定应基于动态的、持续的、不断呈现学习者进步的学习过程以及教师所采用的教学策略和所创设的学习环境。实施评价可以提高学生的学习成效，使教师更好地把握教学过程，合理地应用教学方法和教学策略提升学生的学习兴趣，从而使学生在学习环境中获得持续进步。以下就建构主义理论下的有效评估提出几点标准。

### （一）基于知识建构和经验建构

建构主义认为知识是在学生主动参与建构的过程中获得的，获取知识不是学习的最终目标，参与知识建构的过程才是关键。教学评价的重点应该是学习者的知识获得过程，而非学习结果。因此，这就要求教学评价应该与教学环境、教学过程相联。

### （二）基于自由的目标

基于自由的学习目标是针对泰勒的目标评价模式提出的。建构主义强调学习是个体建构的过程，而由于个体的差异性，每个人的知识建构过程始终存在不同，因而学习目标也应该是自由的。如果在学习开始之前设立一个学习目标，那么学习过程必然存在某种趋向性，依据此目标对学生进行评价，对大多数人来说，必然是不公平的。因此，不应该根据目标来进行评价，而应利用需求评价法去确定目标。评价最重要的准则不是方案应当满足目标的程度，而是方案能满足实际需求的程度。

### （三）基于意义协商和共享

建构主义认为学习者在内容丰富的情境中进行对话与合作，通过对各自的协商，达到对新知识的建构与共享。在真实的课堂教学情境中，许多工作是以团队的形式完成的，这样就需要对学习小组内部成员的贡献进行评价，即要重视对学习共同体的评价。

## 三、后现代主义课程理论

20世纪60年代后期，在建筑领域中广泛应用的后现代主义理论课程，是用来描述区别于以往构建风格的基础理论课程。随着信息技术在社会发展中逐渐占据主导性地位，人们开始认识到后现代主义课程理论对教育领域的深刻影响。后现代主义课程理论所代表的具有进步意义的指导思想，解决了现代主义课程中封闭、简单、累积等问题，并充分强调其自身理论的开放性、变革性与复杂性对教育教学的指导意义。高职院校信息化教学建设对后现代主义课程理论的应用，是对课程建设创新过程中单一性、封闭性的推翻的过程；不同思想意识的产生是建立在对不同事物的不同理解与不同立场上的充分思考的基础之上。所以，后现代课程理论在高职教育信息化教学建设中的根本作用体现在对多样性学生群体的整体把握上，学校应以开放性的知识组织形式与指导思想，满足不同学生群体的实际需求，引导学生更好地参与教学实践的全过程。

### 四、知识管理理论

知识经济时代的快速发展推动了知识管理理论的形成和发展。知识管理理论的具体实践是通过对现代化技术工具的具体应用来实现的，将信息化教育领域中的知识、经验与智慧进行系统的处理归类，并通过现代化网络技术环境，传播、共享具有实践价值的知识理论。知识管理理论是一项具体的知识管理系统理论，根据其所具备的功能可分为显性知识管理与隐性知识管理两种管理形式。二者具体表现在对于知识的表达中，显性知识是对知识明确而系统的表达形式，而隐性知识则是根据其字面意义上的隐性解释，通过演示说明来表达语言无法解释的知识。技能学习是高职教育教学过程中的关键环节，领悟与练习是技能教学过程中重要的教学方式，是语言文本无法替代的实验教学。而当前环境中的教学研究对于隐性知识的"显性化"研究，是传统教学实验过程中对于技能学习的实践引导与理论指导的有机结合，其根本目的是推动隐性知识的发展与传承。高职院校的教学目标是通过对学生动手实践能力的培养，使其成为符合社会发展需要的应用型技能人才。实践教学对学生技能掌握的要求较高，学校必须增加技能学习的课程设置。所以，最大限度地对技能性、隐性知识进行显性化研究，已经成为高职院校教学课程建设研究工作中的重点研究对象。

### 五、社会学习理论

社会学习是由社会学习理论家班杜拉在其动机理论中论述并提出的。社会学习理论认为，人的行为受行为的先行因素和结果因素引导，展开来说，即在学习过程中不经过强化也能获得相关有效信息，从而促使形成有效的可适应性行为。与此同时，强化训练起到的作用是激发和持续人的行为动机，以此控制和调节人的行为。

信息技术融入高职院校教育教学是以提高教育教学成效为目的，激发学生的学习兴趣，拓展学生的知识面，从根本上对学生的学习能力、实践能力进行提升。基于社会学习理论，高职院校教育教学可以在发展中不断发现问题、完善不足之处，从而充分发挥信息化教学的作用和价值，帮助教师提高教学效果，使教师顺利完成教学目标。

## 六、教师专业发展理论

### （一）教师专业发展理论本体分析

教师是一份对工作能力具有高要求的职业，需要教师具有充足的教学经验和实际教学能力。要想检验教师职业能力可以通过评判教师实际教学能力得出，教师在教学上需要不断提升自身教学能力，以及不断对知识进行深度研究，将教学内容与教学方式相结合，进而从整体上加强自身教学能力。教师必须具备的思想逻辑有两项，一是教学方法逻辑，二是教学内容逻辑，基于此，学生才能在享受学习的基础上提高学习能力。

教师专业发展研究始于 20 世纪 60 年代的美国，兴盛于 20 世纪 70 至 80 年代的欧美，我国对教师专业化的研究起步于 20 世纪 90 年代后。1966 年，《关于教师地位的建议》首次以官方文件的形式对教师专业化做了界定，"教育工作应被视为一种专业，这种专业需要教师经过严格且持续不断的研究才能获得并维持专业知识和专业技能"。教师专业发展是多阶段的连续过程，是不断接受新知识、提升专业能力的过程。

### （二）信息技术与教师专业发展

目前，信息化时代已经来临，互联网、大数据、云计算和物联网技术得到了普及，并逐渐影响了人们的生产、生活、工作、学习方式。同时，它也给高职院校教师带来了新的机遇和挑战。受信息化时代的影响，信息技术与教育教学融合发展已经是时代下的必然趋势，同时，信息化教学比传统教学模式更具教学优势，可以充分调动学生的学习兴趣，从而提高学习效果。此外，信息化教学还对学生的思维能力、创新精神起到一定的促进作用。信息化教学结构是传统教学结构的优化，促进了高职院校教育教学信息化的改革、发展。高职院校在应用信息技术的时候，必须正确看待信息技术的价值和作用，在合理应用的基础上使信息技术成为教师教学的有力工具。信息技术可以使教师对教学过程进行反思，还可以通过交流平台与学生进行交流，极大地加强了学生与教师的互动成效。

教师必须提高信息技术应用能力，以确保教师整体能力均衡发展。教师对信息技术的应用能力直接影响教师教学、教育资源设计、教育资源开发、教育资源管理和教学评价，这些对教师教学能力具有直接影响。高职院校加强教学模式优化和创新，提高了教师的教学成效。此外，教师个人信息技术应用能力是信息化时代下教师从事教育教学活动的核心能力，更是满足了信息化时代下社会发展对教师专业能力的需求。

**（三）区域内群体性的教师专业发展**

基于教师信息技术应用能力均衡发展的需求，教师必须提高自身对信息技术的应用能力，这样才能解决信息化教学发展的问题。此外，教师信息技术应用能力均衡发展与信息化时代下教育均衡发展有直接联系。因此，高职院校必须提高教师的专业能力，并对促进教师信息技术应用能力均衡发展进行不断研究，再逐渐拓展为教师整体信息技术应用能力的均衡发展，以此推进高职院校教育的均衡发展。

## 七、教育信息化理论

**（一）教育信息化理论本体分析**

高职院校重视教育信息化建设，这是使信息技术融入教育教学的重要途径。随着信息技术不断发展，各个高职院校都已经普及了信息技术，信息技术与教育教学的融合发展对教育改革起到了重要的促进作用。

教育信息化最早出现在西方发达国家，20世纪90年代中期之后，逐渐成为全球各国教育关注的热点和重点。自此，科学技术发展和教育教学发展都借鉴了信息化建设，开启了知识信息化传递的热潮。基于此，教育教学在发展上也偏向于合理利用信息技术，这使得科技迅速发展，社会经济发展水平逐渐提高。高职院校教育教学更加重视教育信息化建设，以及不断创新教学模式，培养优秀人才，从而使教育教学发展满足社会发展对人才的需求。在信息化时代下，教育要想实现可持续发展就要使教育教学发展与时代发展同行。因此，信息化教学建设和教学创新已经是信息化时代下高职院校教育教学发展的必然选择。同时，社会发展也需要高素质人才的助力，充分发挥其自身实力，推动社会的可持续发展。

### （二）信息技术应用能力成为信息化社会教师必备专业能力

在教育信息化时代，教师扮演着重要的角色，教师在培养与信息化社会相适应的人才的同时，还要将信息技术与教育教学实际、有效地结合在一起，这就需要教师对传统的教育观念进行转变和革新，不断提高自己的信息技术运用水平，吸收新的教学理论与教学经验，学会运用新的教学方法。总之，教师的信息技术应用能力已成为信息化社会教师必备的专业能力。

## 八、可持续发展理论

### （一）可持续发展理论本体分析

1972 年，联合国在斯德哥尔摩举办了人类环境会议，从而提高了人们对环境的重视程度。20 世纪 80 年代出现了可持续发展的概念，这使人们对环境有了更深刻的认知，同时更加注重资源的合理利用。1987 年，世界环境与发展委员会在题为《我们共同的未来》的报告中，阐述了"可持续发展"的概念。报告指出，可持续发展就是要在"不损害未来一代需求的前提下，满足当前一代人的需求"。就可持续发展的社会观来看，人在社会经济可持续发展中起到重要作用，人们从事的生产活动、实践活动大都对经济可持续发展起到促进作用。同时，要想促进环境的可持续发展，就必须对环境进行科学性的保护，这已经是被大众广泛认可的观念。

基于可持续发展教育产生了可持续发展运动。1988 年，联合国教科文组织加强了对环境教育的重视，包括环境教育的目标、性质、任务、内容等，这一举措对提高人们的环境意识起到了重要作用。在此基础上，出现了可持续发展教育，这是联合国教科文组织针对可持续发展教育思想的早期倡议。此外，可持续发展指的是各要素之间以协调性为原则不断发展，这是一种健康、均衡的发展模式。

### （二）教师信息技术应用能力均衡发展的可持续性分析

高职院校必须使教师信息技术应用能力均衡发展，这是提高教师整体信息技术应用能力的关键,更是教育教学发展的迫切需求。为此,高职院校需要不断思考可持续发展的概念,并从中探索出适合教师信息技术应用能力提升的重要方式,使教育均衡发展呈现公平性、持续性、共同性。此外,教师信息技术应用能力的均衡发展与教师个体、教师整体的共同发展有着直接关联。

人也需要遵循可持续发展的理论,主要体现在队伍数量充足、质量提高、知识水平更新等方面。人通过整体协调性、可持续性、生态性、动态性、人本性等维持自身的可持续发展。教师信息技术应用能力的均衡发展必须基于可持续发展之上,这样才能从整体上提升教育发展水平。高职院校重视教师信息技术应用能力的均衡发展,因此,在可持续发展的基础上不断进行实践和提升,从而促进教师个体以及整体从根本上实现可持续发展。

## 九、教育均衡发展理论

### (一)教育均衡理论本体分析

#### 1. 教育均衡理论的内涵

高职院校重视教育的均衡发展,并不断进行实践。教育均衡发展可以从两个方面进行观察,一是社会学方面,二是经济学方面。其中,社会学方面的教育均衡发展有利于促进教育公平,进而促进社会公平发展;经济学方面的教育均衡发展指的是教育资源的均衡配置。以下是基于教育均衡发展内涵的理解框架。

第一,时间、空间结构。时间结构的教育均衡可以使学生在教育起点、教育过程、教育结果方面得到公平发展的机会。空间结构的教育均衡是指不同区域的、学校的、群体的教育发展。因此,要想真正实现教育均衡发展,就必须使时间、空间的教育都得到均衡发展,以此保障学生拥有充足、公平的教育资源。

第二,均衡对象与要素维度。均衡对象、要素维度的教育均衡主要包括八种均衡,分别是教育机会和教育权利均衡、不同类别与不同级别教育间均衡发展、受教育者间均衡发展、城乡间均衡发展、区域内均衡发展、校际间均衡发展、教育质量均衡发展、教育结果在学校教育中和受教育者间均衡发展。

第三,宏观、中观、微观维度。宏观、中观、微观的教育均衡是在非均衡责任主体的基础上进行考量的。宏观层次的教育均衡包括教育方针、教育政策、法律法规等，这些都是符合义务教育均衡发展要求的重要组成部分；中观层次的教育均衡包括区域均衡、城乡均衡、校际均衡、群体均衡等；微观层次的教育均衡主要体现在学校教育质量、教育结果的细小差异方面。

2．教育均衡发展的阶段

教育均衡发展主要通过阶段性依据进行判断，教育均衡发展主要包括权利平等、资源均衡和优质均衡，依次体现的是教育起点公平、教育过程公平和教育结果公平。

其中，低水平均衡阶段是以追求入学权利、教育机会均衡为目的，主要是给予学生更多的教育权利、教育机会；初级均衡阶段是以追求教育过程均衡、条件均衡为目的，同时重视教育资源的合理配置，改善了教育条件并提高了教育公平性。高水平均衡阶段是以追求教育质量均衡为目标，主要目的是培养学生能力和发展，并以学生为主开展教学，从而充分发挥学生的学习能力和学习潜能。

**（二）教育均衡发展视角下的师资均衡**

1．师资均衡配置与师资均衡发展

（1）师资均衡配置。"配置"是一个经济学术语，指的是将有限的资源在不同个体或者群体之间按照一定的比例进行分配，并使资源得到最充分、最有效的使用。资源配置的途径包括行政性配置、市场性配置、行政计划与市场综合性配置。行政性配置是人力资源配置的主要方式，相关单位必须根据政府规定的制度进行人力资源配置，也可以对人力资源进行分配、重组。随着社会经济的不断发展，人力资源配置理念已经被普及，这也是各个企业、相关市场进行人力资源配置的重要方式。人力资源对市场资源配置具有重要作用，从而可以使更多的人在社会上就业，提高了人力资源配置的成效。

师资均衡配置是促进高职院校教育教学发展的重要途径，高职院校必须提高义务教育水平，从而保障高职院校教育教学更好地发展，从整体上提升教育教学水平。师资配置包括教师数量、教师素质以及教师队伍结构。其中，教师素质必须迅速提升，以促进师资配置均衡。

（2）师资均衡发展。师资均衡发展是在师资均衡配置的基础上进行的，同时，师资均衡发展对平衡性更加重视。均衡发展是在外部追加或者资源转移的基础上进行的，是真正的均衡发展，这是一种动态的、可持续性的发展思路。此外，基于追加式提高教育资源的方式属于外延式发展，而内涵式发展则是注重自身实际能力，并在教育教学基础上主动发挥自身价值，只有对资源进行充分的开发利用，才能不断促进教育教学发展，提高学生学习成效，并使师资呈现均衡发展的状态。

师资均衡必须提高教师的静态特征，例如，教师职称、学历、学科结构等，这些都是师资的重要组成部分，很大程度上决定着师资配置的优劣。另外，师资中的动态特征包括教师培训、教师流动和教师专业发展等。因此，要想维持师资均衡发展就必须对教师的静态特征和动态特征做出提升，同时必须确保师资数量是充足且合理的。

2．师资均衡发展的内涵

师资均衡发展是一种健康、理想的发展状态，也是一种带有阶段性、目的性的发展方式，包括资源均衡配置和教育均衡发展。其中，教育优质均衡发展是师资均衡发展的关键部分。师资均衡发展属于一种历史范畴，其内涵在时代的发展下不断变化。高职院校加强师资均衡发展是为了提高教师教学成效，以及使学生适应师资力量，从而促进学生良好发展。另外，高职院校重视师资均衡发展也是为了促进教育教学的合理发展，保持师资数量、结构的合理性，从而打造出高质量的教师队伍。高职院校是在教育均衡加强了师资均衡配置以及促进了师资均衡发展的基础上，从而使教育教学更好地发展。

师资均衡发展是基于师资和均衡而形成，即师资发展和均衡发展。其中，师资发展是指一定范围内的教师整体在数量、结构上的增加，以及教师教学水平上的提升；均衡发展是一种发展状态，也就是事物以一种稳定的状态有序发展。均衡发展包括以下两种发展状态：一是事物在空间上处于均衡发展的状态；二是事物在时间上处于均衡发展的状态。

（1）师资发展的维度（内容维度）。该维度主要体现教师整体在结构、数量、教学质量上的提升。但是，各个高职院校的师资差异较多，其体现方式众多，包括了数量、质量、结构等方面。在师资发展中，最难衡量的就是教师质量，即使通过教师的资历、学历、职称可以分辨教师质量，但仍不够客观、实际。

（2）师资均衡的维度（空间、时间维度）。从空间维度看，师资均衡发展是指区域间（省域、市域、县域、乡域间）、区域内（城乡间、校际间、群体间）等空间范围内师资发展水平在整体、协调、比例关系方面适度地发展。

从时间维度看，师资均衡发展是高职院校教育教学发展的必要组成部分，包括对教师的任用、培训等。师资会随着时间的发展而改变，因此，必须重视师资的均衡性，这样才能顺应社会对高职院校教育教学发展的需求。师资培养包括教师入职前接受的教育，以及后期对学生的培养。

3．师资均衡发展的阶段

高职院校应当在均衡师资力量的基础上发展教育教学。师资均衡包括对象要素和层次要素，师资均衡发展阶段包括结构性均衡和内涵性均衡，结构性均衡又包括起点均衡、过程均衡、结果均衡。

（1）结构性均衡阶段。这一阶段的均衡主要体现在师资的数量和结构上。其中，师资数量上的均衡包括师资数量、师生比、班师比；结构上的均衡包括师资在学历学位结构、学缘结构、年龄结构、性别结构、知识结构、职称结构、学科结构等方面的合理性。

（2）内涵性均衡阶段。这一阶段的均衡是以结构性均衡为基础实现的，在此基础上追求师资的内涵建设，同时发展职业道德、专业水平、课堂教学水平，从而促进师资质量的提升。其中，课堂教学水平最能体现师资质量，这是教师在职业道德、专业水平与专业发展的基础上形成的结果。

### （三）教育均衡、师资均衡与教师信息技术应用能力均衡发展的关系

教育需要符合时代发展并且保持均衡才能适应社会环境，教育均衡是推动教学向更加公平的方向发展的重要途径。教育均衡主要体现在教育资源分配方面的均衡，包含社会分配给教育的资源，以及教育资源在各级各类教育间、学校间的分配。在大部分教育资源中，教师教学资源尤为重要，甚至比校舍等建设的要求更高，这样才能使教师充分发挥教学能力。衡量教育公平的要点之一就是教学资源分配，各个高职院校都应具备充足的教学资源，以此促进高职院校教育教学的公平发展。同时，还需要提高教师的信息技术能力，使教师对信息技术具有充分的认知，从根本上推动高职院校信息化教学的发展，只有保持均衡的教育资源、教师资源才能促进各个高职院校共同发展，缩短各个学校间的差距。高职院校的信息化教学方式是优化传统教学模式的重要途径，是符合信息化时代发展的重要举措，也是衡量各个高职院校教育教学发展的重要依据。总之，高职院校必须提高教师的信息技术应用能力，促使信息化教学模式均衡发展，从而进一步推动教育均衡发展。

# 第二章
# 高等职业教育的信息化教学现状

第一节　教育信息化推进职业教育现代化

第二节　高等职业院校教师信息化教学现状

第三节　高等职业院校信息化教学的意义

# 第一节　教育信息化推进职业教育现代化

基于"互联网＋教育"的思维，教育信息化因教师、学生、教育过程、教育环境的变化而被誉为人类教育史上的又一次教育革命。"教育信息化必将带来教育理念的创新和教学模式的深刻变革，必将成为促进教育公平和提高教育质量的有效手段，必将成为泛在学习环境和全民终身学习的有力支撑，必将带来教育科学决策和综合治理能力的大幅提高。"❶以教育信息化带动教育现代化已成为职业教育教学改革与发展的必然趋势。

## 一、教育信息化对职业教育的革命性影响

信息技术是转变传统教学方式及提升教学成效的重要媒介。职业教育信息化是提升劳动者专业素质和专业技能的重要方式，是教育信息化发展的必然结果。随着高等职业教育的发展，职业信息化教育推动了信息教育改革发展的道路。因此，教师必须正确看待信息化教学建设，并主动提高自身的信息技术能力，推动高职院校信息化教学的发展。

### （一）教育信息化是推动职业教育发展的基础力量

目前，信息化时代的快速发展使信息技术得到普及。在支持信息化水平的发展下，信息技术对宽带建设、融合、安全等都提出了相应的要求，推动了信息化发展，加强了信息化与工业化的深度融合，推动了经济社会信息化发展。信息技术与社会发展有紧密的联系，同时，也在高职院校教育教学发展中起到重要作用，是连接职业教育与经济社会发展的纽带，对社会就业起到促进作用。因此，合理利用信息技术可以满足社会经济和职业教育的发展需求。

### （二）教育信息化是改造职业教育传统教学模式的必然选择

教育信息化为职业教育提供真实的、仿真的教学设施或教学环境，让学生通过"做中学""做中教"，真正把教、学、做统一起来，提升学生在教学实

---

❶ 刘英霞. 信息化背景下职业教育资源课程建设与教学模式改革［M］. 北京：电子工业出版社，2019：30.

践中运用知识的能力,培养学生专业技能的同时提高学生专业素养,从而提升实习实训成效。这对解决学生就业起到重要作用,也实现了对教学情境的真实呈现。

### (三)教育信息化是促进职业教育公平的重要手段

教育信息化是基于信息技术之上的教育教学,包括应用多媒体技术、超文本技术、远程信息传递技术和虚拟现实技术等。在信息化时代下,高职院校教育教学发展必须与时代发展相符合,积极发展信息化教学,建立信息资源共享平台,以此为师资力量薄弱的地区提供优质教学资源,提高教育教学成效,缩短不同高职院校之间的信息化建设差距。信息技术的普及和应用使学生可以在任何时间、任何地点开展学习,推动了各个高职院校教学的公平发展,推动了教育资源均衡利用。随着信息技术在教育教学中的广泛应用,教育的内容、方式和观念都得到了全面创新和提升,从而使学生的学习潜能被充分发挥,提高了高职教育教学的质量。

### (四)教育信息化是提升职业院校学生可持续学习能力的重要途径

教师必须对信息技术具有一定的了解,不断提高自身的信息技术素养,从而更好地推动信息化教学建设,同时充分发挥教师的教学能力,用专业的信息技术素养推动信息化教学建设的发展。职业教育包括培养学生成为工程师、高级技工、高素质职业人才等,承担着重要的责任。现如今,随着信息技术的高速发展,职业教育的要求逐渐提高,不仅需要促进学生对知识的理解,还需要培养学生专业的信息技术应用能力,以此加强学生利用互联网进行自主学习的能力,使学生在充分应用信息资源的基础上提高自身专业能力,从而学会自主发现问题、分析问题、解决问题,为提高学生实践能力打下基础。

## 二、我国职业教育信息化发展

### (一)我国职业教育信息化发展

#### 1. 职业教育信息化的发展现状

随着信息技术的快速发展,职业教育信息化正逐渐成为教育领域的一个重要趋势。在国内,各级各类学校已经开始重视职业教育信息化的建设和发展,推动学校教学模式的创新和升级。许多学校引入先进的教育技术，开设信息技术相关的专业课程，培养学生的信息化素养。一些高校还开设了信息技术教育研究中心，致力于探讨职业教育信息化的发展方向和策略。

在全球范围内，也广泛存在职业教育信息化的发展趋势。许多国家都将信息技术应用于职业教育中，通过在线教育平台、虚拟实验室等技术手段，实现了职业教育资源的共享和合作。一些国际组织也通过举办职业教育信息化大会、交流活动等方式，促进各国在该领域的合作与发展。

职业教育信息化已经成为全球教育改革的主控，各国都在不断探索适合自己发展的道路，希望通过信息技术的应用，推动职业教育的发展和进步。未来，随着信息技术的不断创新和发展，职业教育信息化将会更加普及和深化，为职业教育的发展带来新的机遇和挑战。

2．职业教育信息化的挑战与机遇

职业教育信息化的挑战与机遇是当前职业教育领域面临的重要问题之一。随着信息技术的快速发展，职业教育也需要不断进行更新和转型。挑战主要包括以下几个方面。

（1）技术更新换代快。信息技术的更新迭代速度很快，职业教育需要跟上技术的步伐，不断更新教学内容和教学方法，以适应新技术的应用。

（2）师资队伍需提升。职业教育信息化需要教师具备一定的信息技术水平和教学能力，而目前很多教师在信息化方面存在能力不足的问题。

（3）教育资源不均衡。不同地区、不同学校之间的信息化发展水平存在差距，一些地区和学校信息化建设滞后，影响了信息化教学的推广和应用。

而在挑战之中，也蕴藏着机遇。

（1）发展潜力大。随着信息技术的不断普及和发展，职业教育信息化有巨大的发展潜力，可以提高教学效率、促进教学质量的提升。

（2）创新教学模式。信息化为教育带来了多种教学模式的创新，例如在线课程、虚拟实验室等，可以为职业教育提供更多元化的教学方式。

（3）增加教育资源。信息化教育可以跨越地域限制，让教育资源更加平等共享，提高教育资源的利用率和效率。

职业教育信息化既面临挑战，又蕴藏着巨大的机遇，需要教育部门和相关机构共同努力，加强合作，推动职业教育信息化的健康发展。

### 3. 职业教育信息化的发展策略

（1）建设完善的信息化基础设施是关键。包括建设高速网络、优化网络设备和服务器等硬件设施，以及建设适合职业教育的信息化平台和系统软件。只有基础设施完善，才能支撑职业教育信息化的顺利实施。

（2）推动教育教学模式的转变。传统的职业教育模式已经无法适应信息化时代的需求，需要借助信息化技术进行创新，打破传统的教学模式，推动学校教学方式向数字化、个性化、在线化等方向发展，提高教学效率和质量。

（3）加强师资队伍建设。教师是教育信息化的重要推动力量，需要培养一支适应信息化教学要求的师资队伍，提高教师信息技术应用能力，注重教师的信息化培训和专业发展，激发教师的创新力和教学热情。

（4）积极开展跨校合作和产教融合。信息化时代，职业教育需要与企业和社会紧密结合，借助企业资源和技术支持，开展合作办学、双师型教育等模式，实现教育与产业融合，为学生提供更加贴近实际需求的教育服务。通过以上策略的综合实施，可以推动职业教育信息化的持续发展，提升整体教育水平和社会经济发展水平。

## （二）教育信息化促进职业教育培养模式创新

信息技术带来职业教育人才培养模式的变革，不断促进高等职业教育更新育人理念、创新教育教学模式。构建网络化、数字化、个性化、终身化的教育体系，建设"人人皆学、处处能学、时时可学"的学习型社会，培养大批创新人才，是人类共同面临的重要课题。职业教育实现教育信息化的途径要充分利用和发挥信息技术的优势，变革教育教学结构，满足从"制造业大国"向"制造业强国"转型背景下对工匠型人才的培养要求，实现信息技术与职业教育的深度融合。这种深度融合不仅是利用信息技术改变教育教学环节、内容、教学手段，更是从整体上重构职业教育人才培养体系，在科学人才观、质量观的指导下，培养全面发展、个性化发展、自主发展的学生，营造"人人皆可成才，人人尽展其才"的良好环境。

### 1. 营造信息化教学环境

营造信息化教学环境除需要加强基础设施与公共信息平台建设外，还需要不断提高职业院校教师和学生的信息素养。前者是实现教育信息化的硬件环境和物质基础，具体包括多媒体教室和智能教室建设、校园网的建设和维护、教育信息平台的开发与建设等。后者是教育信息化建设的根本任务，具体包括培养教师和学生的信息素养和创新能力。职业院校要加快建设有线、无线一体化认证，高速、稳定、安全的校园网络，加强数字媒体制作室、数字化教室等教育信息化硬件基础建设，进一步优化信息化教学环境。要建设一批虚拟仿真实训基地，重点解决实训教学中"进不去、看不见、动不了、难再现"的难题。

2. 建设数字化教育资源

数字化教育资源建设是教育信息的载体，是教育信息化的核心内容，主要包括教育资源库建设、专业资源库建设、教学软件的设计与开发等。顺应"互联网+"的发展趋势，高职院校构建了国家、省、学校三级数字教育资源共建共享体系，实现以教育信息化扩大优质教育资源覆盖面，做好职业教育专业教学资源库建设，推动数字教育资源公共服务体系建设与应用。各职业院校根据区域、行业特点建设和完善省级、校级资源库，突出资源库"能学、辅教"的功能定位。支持行业、企业与职业院校共同建设面向社会服务的企业信息库、岗位技能标准库、人才需求信息库、创新创业案例库等开放资源。根据需要有序引导各地各职业院校开发基于职场环境与工作过程的虚拟仿真实训资源和个性化自主学习系统。可见，丰富的信息化教学资源是实现教育信息化的有力保障，教育教学资源的建设在很大程度上影响着职业教育信息化的教学成果。

3. 有效延展课堂教学时空

信息化教学平台不受时间和空间的限制，可以有效提高教师的教学成效和学生的学习成效。信息化教学模式是对课堂教学模式的优化，将课内教学延伸到课外教学，加强了学生与教师之间的交流，促使教学模式发生转变。

4. 实现新型教与学方式

开展信息化环境下的职业教育教学模式创新研究与实践，大力推进信息技术与教育教学深度融合，着力优化人才培养模式，建设适应信息化教学所需的专业课程体系，用信息技术改造传统教学。推进网络学习空间的建设与应用，加强教与学全过程的数据采集和效果分析。鼓励教师充分、合理地运用数字教育资源开展教学，解决技能培养中的重点、难点问题。推广远程协作、实时互动、翻转课堂、移动学习等信息化教学模式，最大限度地调动学生的主观能动性，促进教与学、教与教、学与学的全面互动，进一步提高教学质量与人才培养质量。

5. 加快管理信息化进程

职业院校要建成集行政、教学、科研、学生和后勤管理于一体的信息服务平台，依托平台实施校企合作信息发布、项目管理、顶岗实习管理、人力资源信息管理、就业信息分析等。利用信息技术推进平安校园、节能校园平台建设，实现对校园安全、能源管理的过程跟踪、精准监控和数据分析。职业院校要加强管理信息化应用，做好信息采集、统计和更新工作，提高管理效能。统筹完善信息化管理服务平台建设，建立统一集中的基础数据库，提高全国职业教育数据共享水平。充分发挥管理信息系统在学籍管理、人员管理、资产及设备管理，日常教学、实习跟踪、流程监控等重点工作中的作用，提高教育行政部门管理、服务与决策水平，推动职业教育治理能力现代化。

# 第二节　高等职业院校教师信息化教学现状

21世纪是信息化的社会，信息已经占据了社会的主导地位，它促进了教育教学改革实现了历史性的飞跃。但目前，我国高职院校信息化教学实施现状仍存在一些问题。

## 一、高职教师信息化教学能力现状

### （一）教师对信息技术的认识

目前，大多数教师很难正确认知信息化教学的优势和重要性，对信息化教学可以减轻教师教学负担不完全认可。就现在的职业教育教学而言，大多数教师支持信息化教学，并认可信息化教学在学生教学实践活动中起到的作用，由此可以看出，教师已经逐渐接受信息化教学模式，并认可信息化教学模式的优势。信息技术与教学合理融合，可以减轻教师在教学方面的负担，为教师开展教学提供丰富的资源。与此同时，教育信息化发展要求教师及时提升自身在信息技术方面的应用能力，对信息技术的软件和硬件有一定的了解，会熟练使用信息技术进行教学，这也是信息时代下教师面临的一个重要难题。

## （二）教师对信息技术作用的认识

目前，职业院校教师普遍认为信息技术教学的作用有以下五点：一是提升学生对知识的理解、掌握能力；二是激发学生学习兴趣；三是培养学生信息掌握能力；四是加强学生协作能力；五是培养学生分析、解决问题的能力。其中，第三点与第四点在信息技术教学中不明显，因此，充分说明教师需要加强自身对信息化教学的认知，以及提高信息技术的应用能力，从而加强信息化教学成效。同时，在对教师进行信息化培训时应加强教师利用信息技术培养学生协作与解决问题能力的水平，提升教师信息化教学理念。

## （三）教师对信息化教学影响因素的认识

目前，教师普遍认为学校信息化教学中的软硬件会直接影响教学成效，同时，教师教学设计能力的不足和教师信息化教学观念也是影响教学成效的重要因素。由此，教师不仅需要掌握信息化教学的要点，还需要加强对信息技术应用的能力，这样才能在信息时代下提高教学成效，促进职业院校发展与时代发展同行。

高职院校软硬件条件是教育信息化建设能否顺利进行的重要因素之一，就目前高职院校教育信息化建设来看，大多数高职院校缺少完整的信息技术的支持。教师在教学过程中通过利用信息技术提升教学，在这个过程中，教师对信息技术的掌握和应用能力起到重要作用，多媒体技术和信息化教学技术已经是教师必需要掌握的技能。在教学信息化建设下，教师需要提升自身教学设计能力和信息化教学观念，以此推动教学信息化建设。教师教学设计能力主要体现在对课程的安排与设计上，在教学过程中，教师不只要具备信息技术应用能力，还要将教学内容与信息化教学工具合理结合。此外，高职院校还需对教师进行信息化教学能力培训，培养教师信息技术应用能力，从而加快教学信息化建设进程。

## （四）教师对信息化教学工具的使用

通常，教师普遍掌握水平较高的信息化教学工具是"Word 或 WPS""QQ 或微信""多媒体教室系统"，其中，教师对"Word 或 WPS"的掌握程度差异较小，平均水平较好。掌握程度最差的是"动画制作软件"和"虚拟仿真实训系统",平均水平处于"差"与"很差"之间。

### (五)教师对信息化教学方法的应用

在教师信息化教学方法中,应用频率最高的是"演示文稿教学";其他依次是"网络教学资源获取""利用网络促使学生进行合作学习""利用信息化手段评价学生学习效果""基于网络撰写教学日志促进教学反思""利用网络实施翻转课堂""使用交互式电子白板教学""使用电子书包教学"。而教师采用网络的目的依次是"获取教学资源""利用网络来促进学生合作学习""评价学生的学习效果""实施翻转课堂""撰写教学日志促进教学反思"。教师经常采用网络来"获取教学资源",但对于其他几个功能的使用,教师的观点则差异比较大,说明教师在教学中使用网络的目的不同,对网络是否促进学生合作学习、辅助翻转课堂实施、提高教学反思等看法也不同。

### (六)教师利用网络开展信息化教学

教师使用网络的主要目的是"向学生发布通知"和"给学生提供学习资源",而其他功能的使用依次是"答疑讨论""布置批改作业""进行网络测试",而"从未尝试过"这一选项说明仍然存在一些教师没有利用网络开展教学工作。教师利用网络进行教学的目的集中在信息资源的传递,对在线答疑、网络测试、作业布置、修改等功能的使用较少,这反映了教师需要扩展网络工具的功能使用,充分发挥网络工具的教学优势,提高信息化教学的效果。教师使用网络进行教学的差异比较大,有的教师可以借助网络完成许多教学任务,而有些教师甚至没有利用过网络进行教学。可见加大对教师的培训,提高教师利用网络开展信息化教学的意识与技术非常有必要。

## 二、高职教师信息化教学能力存在的问题

### (一)课程设计能力有待加强

教师都具备课程设计的能力,不同教师的课程设计理念是不同的,因此,教师是否可以设计出完整的教学活动,以及在教学活动中能否顺利实施课堂设计是教师需要不断提升的要点。当前,信息化发展加快,大部分教师

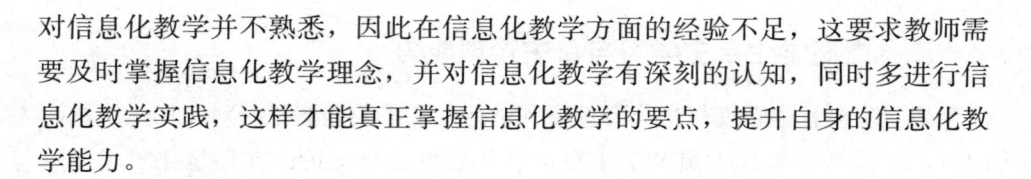

对信息化教学并不熟悉，因此在信息化教学方面的经验不足，这要求教师需要及时掌握信息化教学理念，并对信息化教学有深刻的认知，同时多进行信息化教学实践，这样才能真正掌握信息化教学的要点，提升自身的信息化教学能力。

### （二）教学资源获取能力有待加强

信息化教学需要教师提前进行教学设计，教师通过信息检索和获取能力对教学课程进行设计、整理，这是教师必备的能力之一。检索和资源获取能力可以充分发挥教师的资源整理能力，有助于教师对资源进行加工与重整。在教学信息化建设下，大部分教师的资源获取、整理能力较差，如学生学习资源获取难、特定资源搜索难、教学素材搜索难以及资源利用不充分等现象，都充分体现出教师需要加强自身的资源获取、整理能力，以此促进教学内容和信息化技术的衔接。

### （三）信息化技术应用水平有待提高

信息技术的快速发展，促使高职院校部分教师真正了解信息技术的使用要点。因此，对信息技术下的美化与图像处理、剪辑音频、编辑微课、动画制作以及仿真软件应用等不熟悉，这些都是高职教师在教学信息化建设中的不足之处，对教学信息化发展造成了一定的阻碍，所以应当加强自身对这些技术的使用能力，不断进行这方面的知识培训，以此提升信息化教学能力。

## 第三节　高等职业院校信息化教学的意义

### 一、提高高职院校教学管理水平

高职院校教学管理信息化是促进高职院校教学管理制度规范化的重要举措，对增强教学管理和教学管理素质起到积极的作用。教学管理信息化建设可以使教师合理利用信息技术进行教学指导，提升教师教学成效，转变传统的教学方式，从而发展适应信息时代的教学管理建设。

## 二、提高学生自主学习与自主管理能力

高职院校教学管理信息化要想顺利进行，就需要高职院校对此加强重视，同时，还需教学管理人员和学生对信息化建设进行支持。在信息化时代下，教学管理信息化建设已是时代发展的必然趋势，高职院校要想在信息时代下发展，就需要与时俱进。教学管理信息化模式的发展可以提升学生自主学习能力，给学生充足的发展空间。教学管理信息化正在逐步落实，同时也提升了学生自主学习和自我管理的能力。

## 三、提高教学资源配置效率与共享程度

目前，高职院校存在浪费教学资源的情况，而且院校、专业之间没有合理配置资源，导致教学资源不足等问题，对高职院校教育教学的发展造成了严重的影响。就高职院校教学管理信息化建设而言，需要充分发挥信息技术的作用，并配置充足的教学资源，以此助推教学管理信息化的发展。

# 第三章

## 高等职业院校的信息化教学环境与资源

第一节　高等职业院校信息化教学媒体

第二节　高等职业院校信息化教学环境

第三节　高等职业院校信息化教学资源

# 第一节　高等职业院校信息化教学媒体

随着高职教育信息化的深入发展，信息化教学媒体越来越丰富，这不仅为高职教师提供了更多可以选择的教学资源，为教学改革奠定了物质基础，也为学习者创造了更好的学习环境，进而更好地促进学习活动的开展。

## 一、教学媒体概述

### （一）媒体与教学媒体

媒体是指信息传播过程中，信息源与信息的接收者之间的中介物，就是存储并传递信息的载体和物质工具。从广义的媒体来看，包括书本、图片、模型到电影、电视，以及录音机与录音带、录像机与录像带、计算机与各种软件等。因此，只要是实现了信息传递的都属于媒体范畴。一般来说，构成媒体的要素包括信息、表征信息的符号和携带符号的物质实体。

媒体用于存储并传递以教育教学和学习为目的的信息时，称为教育媒体（也称为教育传播媒体）。教育传递、教学信息传递的载体和中介是媒体，这也是教学系统的重要组成部分，基于此形成了教学与学习的资源环境。

信息化教学媒体是信息化的产物，是现代信息技术媒体在教学上的应用。

### （二）媒体与教学媒体发展阶段

人们在日常生活、劳动中必须借助各种媒体进行信息的交流与传播。在人类最早的时期中，个体之间的交流是利用一些信号、简单声音、姿态和手势进行的。后来逐渐创造出一套非口头语言，如鼓声、火光、图画、音乐和舞蹈及其他形式的图形符号。随着人类社会的不断进步，媒体经历了几个重要的发展阶段，每个阶段都对教育、教学的发展产生了重大的影响。

1. 语言媒体阶段

语言媒体是人类进行交流的重要媒介，可以传递人的记忆和知识。语言媒体的主要功能有以下三点。

第一，符号功能。语言可以用来表述实物、现象，是一种声音符号，人们用语言代表事物、现象。

第二，语言具有促进思维发展、表达思想的功能。语言可以通过概括形成概念，促进了人类思维能力的发展，拓展了人类对知识的认知范围，强化了人类对知识的理解能力。

第三，语言可以促进人与人之间的交流，具有传播功能。人们通过语言进行信息的交流和传播。

语言媒体具有符号、表达、交流的功能。因此，对人类社会的发展起到促进作用，同时，也在高职院校教育教学中发挥着重要的作用。随着社会信息化进程的加快，社会上已经出现多种现代媒体，但是依旧无法代替语言媒体而存在，语言媒体是人类交际的根本，是不可替代的传播媒体。

语言媒体也具有一定的局限性，其中就包括抽象的语言符号，就语言的表达而言，需要结合对应的手势、表情、体态去辅助表达。而口头语言由于距离限制的原因只能在有限的距离内交流，如果不做好记录的话，很容易被忘掉。

### 2. 文字印刷阶段

由语言生成文字历经了几万年的发展演变。起初，人类对文字的应用始于公元前 4000 年，而手写、手抄形式起源于公元前 3000 年。文字是一种书写符号，是人与人之间沟通的桥梁。文字是一种抽象的表达，与语言相似。文字起到保存语言的作用，为人类生活、生产打下了坚实的基础，将人类的生活经验进行传承。纸张未被发明以前，没有规定的物品用于记录语言，文字只能被人们刻写在龟甲、兽骨、竹简、金石、木板、布帛之类的物体上。而后约公元前 2 世纪，造纸术由中国人发明。公元 105 年，中国的蔡伦造出了第一批纸。这使得文字有了能被记录下来的载体，从此开启了纸质发明的新篇章，人类利用纸书写文字，以此传达信息，促进了人类的沟通和发展，掀起了教育方式的重大变革。

从文字的出现到印刷术的发明经历了几千年的历史。公元 450 年，中国在南北朝时期出现了类似雕版印刷术的摹拓方法；公元 1045 年，宋朝的毕昇发明了活字印刷术；公元 15 世纪，德国人古腾堡受中国活字印刷术的影响，发明了效率更高的金属活字印刷术。从此，书籍成为一种重要的传播手段。印刷媒体的出现使得信息可以大量复制、存储并广泛传播，教科书的大量印刷使得大规模的公共教育成为可能。17 世纪产生了班级授课制，各种类型的学校相继开办，引发了教育的又一次重大变化，教科书成为学校教育最重要的媒体。

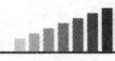

### 3. 电子传播阶段

19世纪末以来，随着电子和微电子技术的发展，新的传播媒体开始出现。以电子技术新成果为主发展起来的传播媒体被称为电子传播媒体。例如，幻灯、电影、投影、广播、电视、卫星电视、录像、录音、计算机及其课件等。电子媒体提高了信息的储存、传递，促进了人类信息的传播和发展。

电子传播媒体用于教育的优越性主要有：①电子媒体使教学信息能够迅速传播，扩大了教学规模和学习资源，打破了时空限制，为教育的普及与提高提供了新的手段；②电子媒体不仅能传送语言、文字和静止图像，而且能传送活动图像，增强了信息的表达能力和教学的直观性，弥补了传统媒体在形象逼真、记忆检索、技能技巧和动作描写等方面的局限，有助于提高教学的质量和效率；③电子媒体可以记录、再现现场实况，还具有与学习者相互作用的能力，从而为个别化教学、继续教育以及教学模式、方法的改进提供了物质条件；④电子媒体可以实现资源的共享，实现非线性的资料查询。新的电子媒体虽然具有上述优势，但它不能替代传统媒体，比如印刷媒体在今后相当长的时间内仍是教学的重要工具。各种媒体各有各的特点和功能，又有其局限性，在教学过程中应相互补充，取长补短。

## 二、教学媒体的分类

教学媒体的种类有很多，按不同的分类标准，可以将教学媒体分成不同的类别。从印刷方面进行分类，可以分为印刷媒体和非印刷媒体；从信息流动性方面进行分类，可以分为单向传播媒体和双向传播媒体；从媒体形态方面进行分类，可分为印刷媒体、非印刷媒体和电子媒体；从媒体物理性能方面进行分类，可分为电声类媒体、光学投影类媒体、电视类媒体和计算机类媒体；从传播范围方面进行分类，可分为人际交流媒体和大众传播媒体；从感觉通道和媒体构成方面进行分类，可分为视觉媒体、听觉媒体、视听觉媒体、交互媒体、多媒体系统和现代信息传输系统等。下面，按感觉通道和媒体构成的分类进行简单叙述。

### （一）视觉媒体

视觉媒体主要通过眼睛来接收媒体的信息，分别是投影视觉媒体和非投影视觉媒体。其中，投影视觉媒体包括幻灯投影和实物投影；非投影视觉媒体包括黑板、印刷材料、图片、图示与图解材料、实物与模型教具和展览。

## （二）听觉媒体

听觉媒体是指各种为教学目的而录制和传播的人声和其他声音。常见的听觉媒体主要有磁带录音机、收音机、唱机（包括 CD）、音频功率放大器、话筒和扬声器。

听觉媒体的优点：比较便宜，听觉材料容易得到，使用简单；没有阅读能力的人，可以通过听觉媒体来学习；听觉媒体可以提供比印刷材料更丰富的考察信息，且便于复制。

听觉媒体的局限性：听觉材料的顺序是固定的，学生在只听录音的前提下通常不能保持长久的注意力，需要将录音结合视频才能更好地确保学生注意力的长时间集中。

听觉媒体在教育方面的功能呈现：①不受时空限制，可以有效拓宽教学信息的接受范围；②提供声音的真实感受，创设教学气氛；③提供典型示范供学生模仿，可以提高学生的鉴赏能力；④学生可利用听觉媒体进行对比学习，有利于自我鉴别，及时矫正问题；⑤听觉媒体可以使抽象教学内容更加生动、形象，还能直观地反映出教学难点。

## （三）视听觉媒体

视听觉媒体既有视觉媒体的功能，也有听觉媒体的功能。视听觉媒体以有声活动、视觉图像为主，从而使教育信息得到生动、直观、逼真的传递，这样的教育信息可以激发学生的学习兴趣，从而提高教学成效。视听觉媒体主要包括电影、电视、卫星电视系统、有线电视系统、图文电视与图文检索、远距离会议系统等。

电视能有效地延伸和扩展人的视觉能力和听觉能力。电视作为一种教学媒体具有以下特点：电视媒体是视听结合的教学媒体，能够将信息即时、迅速、远距离、大范围地传播；电视图像色彩鲜艳，清晰度较高；电视媒体可使教学过程更加生动，更容易吸引学生的注意力；电视媒体可以用于辅助教学，以加深学生对教学内容的理解程度；电视媒体适用于远距离教育。

## （四）交互媒体

交互媒体通过在媒体与受训者之间构建信息双向通道进行信息传递，这样可以促进双方媒体相互作用、相互影响。常见的交互媒体包括程序教学媒体和计算机及其网络媒体。

**1. 程序教学媒体**

早期的交互媒体就是程序教学媒体，其主要包括程序教材和程序教学机器。以程序教学为主的学习是通过利用程序教材和程序教学机器进行的，可以自行控制学习方向和学习进度，即使没有教师直接参与也能够独立进行自主学习，从而完成学习任务。程序教材通过将教学内容进行分解，并生成一系列小的学习单元，这些学习单元需要按照对应的规则进行排序，从而使难度逐渐递增，并且在每一个学习单元后设有问题，问题需要学生进行回答，不设置附加单元，但会提供问题的正确答案和信息反馈功能。程序教学机器主要以程序化学习材料为主，是一个可以进行自主学习的机器，在为学习者提供一系列问题的同时也对学习者进行辅助教育，即问题解答。

程序教学媒体的优点在于可以促进学生学习的积极性，强化学习成效，还能及时反馈学习情况，从而激发学习者自主学习的动力。

程序教学媒体具有一定的局限性，主要体现在教学方面，表现为教学过程过于程序化，导致学生的学习灵活性得不到提升，从而无法培养学生综合性和创造性的学习能力。此外，由于学生整体能力得不到培养，会导致学生想象力发展受到限制。因此，教师应当提高学生学习模式，以合理的方式对学生进行学习指导，从而提高学生的综合能力。

**2. 计算机及其网络媒体**

计算机及其网络媒体具有强大的交互性能，因此，被教师充分应用在教学过程中。以下是计算机及其网络媒体在教学中的应用优势。

（1）计算机及其网络媒体可以将大量的教学信息进行储存，还可以对这些信息进行处理、检索、提取等操作，从而使教师可以充分利用教学信息进行教学。

（2）创设丰富的学习环境，师生可以随时随地进行学习，使非正式学习得到强化。

（3）交互性水平较高，师生、学生互动方便，有利于形成各种各样的学习共同体。

（4）计算机及其网络媒体的充分应用可以激发学生的学习兴趣，同时长久维持学生的学习兴趣。

（5）计算机及其网络媒体可以对学生学习情况进行细致的记录和分析，便于教师就这些信息对学生学习情况进行调整和优化。

计算机及其网络媒体在教学中具有一定的局限性，主要体现在计算机购入费用较高、设备系统更新快，需要经常对计算机系统进行维护。同时，高职院校需要提高教学资源的质量，在此基础上扩大信息资源的数量，需要花费大量的人力、物力、财力和时间。此外，计算机及其网络媒体较难实现情感、动作技能、交流技能方面的教学目标。

### 三、教学媒体的特性

教学是教师和学生凭借教学媒体进行教学信息互动的过程。教学媒体可以加强师生互动成效，是师生之间高效沟通的桥梁，也是教学系统的重要组成部分，起到提升教学效果的重要作用。因此，教师应当正确认识教学媒体的功能特性，并对其进行深度理解和探索。

#### （一）共性

教学媒体大多具有相同的特性，即不同教学媒体都拥有的教学特性。

1. 综合性

综合性作为教学媒体的特性之一，是指若干种教学媒体可以进行组合使用，不同的媒体可以传递出不同的教学信息，并在此基础上相互促进。

2. 工具性

工具性是教学媒体的特性之一，教学媒体是在人的基础上进行信息传递的，可以为人们提供信息、传递信息，是人们了解信息的一种工具。

3. 智能性

智能性也是教学媒体的特性之一，是指教学媒体不受时空限制，并且能够在不依赖人的基础上独立发挥作用。在一定条件下，可以替代教师进行教育教学活动。有的甚至能对学习者的个人特征做出鉴别，从而向学习者提供适合的学习策略指导，如智能 CAI、Agent 在网络课程中的应用。

4. 重现性

教学媒体的特性之一还有重现性，这是指教学媒体可以记录和存储信息，以供需要时再现。在妥善保存的基础上，可以重复地对媒体上的信息进行利用，并且呈现信息的质和量都是稳定不变的。

5．扩散性

除上述几种特性外，扩散性也是教学媒体的特性之一，是指教学媒体在一定范围内可以将各种符号形态的信息传递到一定距离，还可以使信息再现。

（二）个性

教学媒体的个别特性是指各种教学媒体自身所特有的、区别于其他媒体的功能特点。

1．表现力

教学媒体具有体现事物空间、时间和运动特征的能力。不同教学媒体的表现力是不同的，例如，言语、文字是以语义、语调和音响的抑扬顿挫、轻重缓急来呈现事物特征；电影、电视、录像是以活动图像所表现出的正在变化的过程、动向来体现事物特征，以此调节事物和现象所包含的时间因素（动作快慢），并且能够从各个角度表现事物的形象、方位、距离等空间特征；幻灯投影和图片在表现空间特征方面和电影、电视相似，但它们是以静止的方式而不是活动的方式来展示事物特征的。可以说，表现事物的形象（空间特性）方面，幻灯、录像、电影等媒体比录音、广播等媒体强；表现事物变化（运动特性）方面，电影、录像媒体比幻灯、投影强。

2．重现力

教学媒体具有一定的重现力，是指教学媒体在时间、空间的基础上将存储的信息内容重新呈现的能力。重现力分为即时重现和延时重现两种。照片、电影等只能延时重现，而录音、录像等既能延时重现，又能即时重现。

3．参与性

教学媒体具有一定的参与性，是指教学媒体有助于提高学生参与活动的机会。参与性包括情感参与和行为参与。例如，电影、电视、录像、广播等都具有一定的参与性，这些媒体通过表现力和感染力激发学生的情感参与，而投影、计算机等便于学生的行为参与。

4．受控性

教学媒体具有一定的受控性，是指教学媒体接受使用者操纵的难易程度。有的媒体容易控制，如录音、录像、投影；有的则不容易控制，如电影、电视。

5．接触面

教学媒体的接触面是指教学媒体把信息同时传递到学生的范围。不同媒体的接触面不同，如电视和无线电广播有很广的接触面，而幻灯、录像、板书的接触面较为狭窄。

### 四、教学媒体的功能

各种教学媒体在教育教学中表现出的教学功能不尽相同，但是，从教学信息的呈现与师生相互作用的角度来说，各种教学媒体的教学功能如下所述。

（1）使学生接收的教学信息更为统一，促使教学信息被更加标准化、规范化地传递。

（2）教学活动更加有趣。丰富多彩的表现形式使教学活动更加有趣，从而激发学习者的学习动力。

（3）提供感性材料，加深感知深度。多维度、全方位的学习内容展现，使学习者对学习内容的理解更到位、更透彻。

（4）提供有效的交互。智能化的学习软件和环境，使师生之间、学生之间、人机之间的信息交流更快捷，而且没有地域的限制。

（5）提供高效的信息处理技术，促进教师教学成效和学生学习质量的提高。

（6）加强个性化教学成效。智能化的学习软件、网络化的学习资源和学习环境，为学习者的自主学习提供了便利，使学习成为十分个性化和自由化的事情。

（7）促进学习者发现和探询学习活动的开展。信息技术有助于学生对学习活动进行探索，并且可以为期营造出理想的、现实的和虚拟的知识探索环境和条件。

（8）促进特殊教育的发展。由于媒体具有加强人们的感觉器官的功能，当有人出现某种感官障碍时，可以通过媒体来加强其他感官的作用而不影响其对信息的获取、加工和处理，从而使其具有和平常人一样的学习能力。

## 第二节 高等职业院校信息化教学环境

### 一、信息化教学环境概述及其作用

#### （一）信息化教学环境概述

教学环境是指在教学活动开展基础上的各种情况和条件的总和，主要包括教学设备、教室内外等物理环境，以及教学规范、教风学风、校风班风、人际氛围、师生关系等教学心理环境。

信息化是指充分利用以计算机技术为主的信息技术，开发利用信息资源，促进信息交流和知识共享，提高经济增长速度，推动经济社会发展转型的过程。教育信息化是指将信息技术应用在教育教学中，并对教育教学资源进行开发利用，同时建设国家、地区、学校教育信息网络系统，培养掌握信息技术的教师队伍人才。高效构建信息化教学环境是推动教育教学在信息化时代下更好发展的重要举措。

随着信息技术的快速发展，极大地促进了信息的传递与交流，使其不受时空限制，任何被信息技术覆盖的地方都能进行信息获取和交流。这种趋同，对师生而言，是信息获取的平等性、对称性。信息化所造就的信息环境，既是开放的信息环境，也是一种对称的信息环境，具有开放性和对称性的特征。开放性是指信息资源不加限制地对学生全方位开放，学生可以自由地选择多样化的信息。对称性是指信息化设施为每个人提供了平等的机会，师生可以随时随地获取任何信息，在信息与知识的获取上，学生与教师可以是同步的、等量的。师生在这种信息化过程中共同创造出相应的信息化环境。

信息化教学环境是指在教育教学中将现代信息技术融入教学环境，促进了信息化教育教学的发展，同时，信息技术也是促进信息化教学活动开展的必要条件，主要包括信息化教学设施、信息化资源和信息化背景下的社会心理环境等。信息化教学环境，主要分为技术和活动两个角度，在此基础上可以分成课堂教学环境、视听广播环境和网络教学环境等类型。此外，从教育传播成效的角度来看，教学环境的构成包括时间结构、空间结构和媒体设施等。

**（二）信息化教学环境的作用**

信息化教学环境的作用可以概括为以下几方面。

1. **优化教学管理**

信息化教学环境能促使教师成为一名合格的教学组织者和课堂管理者，而不仅仅是信息内容的传递者。信息化教学环境可确保教师和学生之间保持一种更有活力的互动关系，更易于信息交流与共享；各种信息化教学系统的使用可让教师更容易进行教学数据处理，从而进行更有效的教学管理，也使其有更充裕的时间对学习者进行研究，实施因材施教。

**2. 创设多样的学习环境**

为学习者创设丰富的学习环境，提供自主学习资源，突破学习的时空限制，实现学习内容的自主选择，满足个性化学习的需要。

**3. 促进特殊教育的发展**

对于那些身体器官存在缺陷的学生，在使用教学媒体的时候，可以根据需求对教育信息进行调整、设计，以此提高教育信息化的教学成效。如对于有视力障碍的学生，听力训练媒体为他们提供了方便和帮助。

**4. 提供多形式的学习材料**

合理地使用多种媒体提供多种形式的学习材料，可以创建比较好的学习情景；对教学信息提供多维度的呈现，可帮助学生加深感知程度，理解教学内容，达到更好的意义建构。

**5. 改进教与学中的发现和询问方法**

当学习者在接受媒体传送的信息时，他们先观察信息内容，再厘清其中呈现的各种关系，并对这些信息进行探索和解释，由此可引起或诱发询问与信息有关的直观经验。

## 二、信息化教学环境的种类

### （一）校园网

校园网是指校园内计算机及附属设备互联运行的网络，系统集成包括计算机、网络设备和相关应用软件等，促进了高等职业院校教育教学的发展，其通过与广域网互联实现远距离信息交流和资源共享。校园网的作用非常广泛，包括学校教学、管理、日常办公、内外交流等方面，提供全面、切实的支持，它具备教师备课功能、学生学习功能、教务管理功能、行政管理功能、教育装备（含图书）管理功能、资源信息功能、内外信息交流功能等，促进了教学信息显示多媒体化、信息传输网络化、信息处理智能化和教学环境虚拟化建设。高等职业院校加强校园网的建设和应用可以促进教育教学改革，提高教育教学成效，使院校的教育教学发展更加适应信息化时代对人才培养的需求和条件。

高等职业院校建设校园网可以借助中国科研网或电信网等公用网，在将校园网接入网络后，就可以利用信息技术运行教学、科研、管理、通信等多种功能，促进了校内、校外和国内、国外的教育资源共享，即实现信息资源和软硬件资源共享。校园网可以为教育教学提供丰富的信息服务，加强了教学、管理等部门的信息化管理建设，为实现教学管理信息化、日常管理办公自动化打下基础。例如，学籍管理、课程安排、人事管理、业务管理、教育教学信息查询等，都可以通过校园网进行通信和资源共享，还能在校园网上进行视频点播、视频广播、电子图书馆、视频会议、远程教学等活动，促进了高等职业教育教学、科研的发展，也为信息化教学环境下教师的备课、课件制作、教学演示等带来了极大便利，促进了学习信息的共享，也为学生练习和考试提供了便利。

### （二）教育电视系统

电视系统是指使用电视媒体进行信息传输的体系。教育电视是指从教育教学的需要出发，根据教育目的和教学目标，为一定的教育对象而摄制，并以实现教育方针为主要任务的各种科技、文化教育的电视节目，具有教育性、科学性和艺术性的特点。教育电视系统是指使用电视媒体进行教育电视节目制作与传输的体系，一般包括教育电视节目制作系统和教育电视节目传输系统两部分。节目制作系统主要有演播系统、外景节目制作系统、非线性编辑系统。节目传输系统通常有开路广播电视系统、有线电视系统、卫星电视系统等。教育电视系统有利于扩大教育规模，便于实施终身教育、业余教育等；能发挥并推广优秀教师的示范作用；便于使用实物、图表及动画等提供的直观形象进行教学；电视节目的储存、重放、接收过程简单，易于推广。

### （三）远程教学系统

远程教学是一种独具特色的教学形式，主要包括以下特征：学习者与教师不在同一地点参与、进行教学活动；在有组织、有秩序的基础上进行教学；以合理应用远程传播媒体系统为主；学习者和教师可以进行交流。具体来说，远程教学是师生凭借传播媒体所进行的非面对面的教学。远程教学可以实现个性化、因材施教的教学方式，它突破了传统学校教学的局限，为学习者提供了时间分散、自由安排学习、资源共享、地域广阔、交互式的学习方式，为终身学习提供了适宜的环境和条件。

远程教学系统是与面授教学系统并列的一种教学系统。丁兴富在《远程教育学》一书中提到，远程教育系统和传统教育系统与社会环境之间的投入和产出不尽相同，即这两种系统的招生对象和培养目标不尽相同，这两种系统的资源条件和基础设施也不尽相同，于是这两种系统的教与学子系统的结构和功能也并不完全一样，即它们的教与学的组织结构、运行过程、方式方法和战略策略等都不完全一样。

从远程教学系统的构成要素看，远程教学系统主要包括课程子系统和学生子系统，其中，课程子系统可以对课程进行处理和开发，以多种媒体课程教学材料为主，包括教学设计、制作、发行和接收；学生子系统可以处理与学生相关的学习活动，主要包括对学生的各类学习支持服务活动和各种学习过程进行管理。

从远程教学的传播技术看，远程教学系统包括基于电视广播、语言广播的广播教学系统；基于互联网的实时的和虚拟的集成学习环境的远程网络教学系统；基于视频会议系统与互联网相结合的，或者基于卫星传输与互联网传输相结合的综合远程多媒体网络教学系统。从信息化发展的趋势来看，与互联网结合的远程教学系统是目前发展的主流。从资源共享的角度出发，其利用网络为师生提供虚拟的教室，师生可进行双向实时沟通，教师通过联网计算机指导学生学习、参与讨论、解答疑问、更新教学软件等，同时对学生的学习情况进行分析和总结，以此优化教学方式，提高教学成效；教师还可以根据教学需求，把自己的教学内容放在网上，为尽可能多的学习者提供服务；学生可以在任何时间、任何地点通过网络听课；师生之间以语音、图像等多媒体的方式进行实时交流，如同在同一间教室中上课一样，可以取得良好的学习效果。

这样的远程多媒体网络教学系统其实就是一个整体的信息化学习解决方案。主要包括在线学习及管理系统、课件制作系统、在线同步音视频课堂系统、录播室、配套的网络设备及服务器等，可以实现在线学习课程、学习管理、资源管理、课件制作、在线同步音视频课堂录课等功能。

### （四）多媒体教学系统

多媒体教学系统由多媒体计算机、数字视频展示台、中央控制系统、影碟机（DVD）、音响设备、液晶投影机、投影屏幕等多种现代教学设备组成。教师可以通过操作计算机（系统主机或教师自带接入的手提电脑）和数字视频展示台等设备演示文本、图形、图像、声音等辅助教学，从而丰富了黑板加粉笔的教学手段。其功能包括：利用计算机演示多媒体课件；播放 DVD 等音像教学内容；利用校园网或互联网，调出需要的教学资料；利用数字视频展示台将作业、教材、图表、图片、实物，以及教师即时书写的文字、画图投影到银幕上进行教学。

**（五）多媒体网络教室**

多媒体网络教室是配备了多媒体教学系统的计算机网络教室，为师生提供了一个能进行多学科授课的教学环境及学习平台，充分利用多媒体视觉、听觉同步教学的手段，可实时利用互联网的学习资源，使学生的多种感官参与学习，提高了知识理解与意义建构的效率，促进了师生之间的信息交流、资源共享和教学合作。教师可以进行广播教学、学习转播、监视监听、个别对话指导、遥控辅导、电子黑板、分发信息资源、作业批改，还可以进行示范教学、听力教学、语音教学（具有多媒体语言室的部分功能）、网上教学等。学生可以通过互联网、校园网，使用各种教学资源库中的资源进行个别化、自主化学习和测试。多媒体网络教室系统的组成包括以下几个部分。

1．多媒体显示系统

多媒体显示系统由高亮度、高解析度的液晶投影机和电动屏幕构成，完成对各种图文资讯的大屏幕显示。

2．多媒体 A/V 系统

A/V 系统由计算机、DVD、实物展台、功放、音箱等 A/V 设备构成，完成对各种音像、实物图文信息的播放功能，实现现场扩音、播音，配合大屏幕投影系统，提供优良的视听效果。

3．多媒体中央控制系统

利用中央控制系统，实现对多媒体网络教室中的各种电子设备的集中控制。

4．计算机网络教室

由教师机、学生机、网络设备等组成教室局域网，并将其和校园网、互联网相连，师生可随时使用校园网和互联网上的学习资源。

**（六）微格教学系统**

微格教学，又称"微型教学"，它是由美国斯坦福大学艾伦教授等人创立的一种教学方式，是以现代教学技术为主的教学实践培训。艾伦教授认为，微格教学是一种可以缩小和可控制的教学氛围，可以培养教师的教学能力，同时提高教师的教学技能，从而提高教师的教学成效。具体来讲，微格教学是以培训教师教学技能为主的实践培训，具有极强的操作性和可控性，这种实践系统可以对复杂的教学过程进行分解，然后对照相应的教学技能进行训练。教师在依照训练内容进行教学训练的时候，利用视听技术对听讲进行实况记录，后续回顾教学内容的时候可以进行重播，使试教者和评议者都可以客观地对教学行为进行评价。

1. 将教学技能分类

将教学技能分解成若干个环节。学习教学技能分类及其评价指标体系，理解每类教学技能的性质、功能特点及其评价方法。

2. 确定训练项目和内容

确定训练项目和训练内容，组织观摩微格教学片或进行现场教学示范，并组织学习讨论。

3. 编写微型课教案

学习者根据技能训练目标选择片段性课程内容，进行教学设计，编写微格教案，一般每个技能练讲 10 分钟左右。

4. 角色扮演，模拟教学实践

一人扮演教师登台试教，其他人扮演学生，组成"微型课堂"，每个微型课堂一般 5～10 人。在微格教室内进行模拟教学实践，主要训练掌握目标规定的某项教学技能，并在试教实践过程中，利用微格教室的视听设备记录试教过程。

5. 反馈评价与分析

通过视频系统重播录像内容，指导教师组织学生进行讨论，对试教训练进行反馈评价和分析，试教者自身也能作为第三者通过观看自己的试教录像，更客观地评价自己的教学行为。

6. 修改教案，重新试教

根据反馈意见修改教案，重新组织试教并进行再评价。在单项教学技能训练过后，可以依照计划对试教者进行教学技能训练，从而使其熟练掌握教学技能。

由此可见，微格教学具有训练目的具体化、训练课题微型化、技能操作规范化、记录过程音像化、观摩评价及时化、评价过程客观化和参与训练机会多等特征。

## 第三节　高等职业院校信息化教学资源

教学资源中记录了各种教学活动，其内容具有促进教学活动和学习活动成效的重要价值，其中包含丰富的教学方式，是提高教育教学物质条件、自然条件、社会条件以及媒体条件的重要材料。教学资源包括教学材料和教学环境，教学资料是大量教育教学信息的集成，信息资源种类丰富；教学环境包括支持学习者有效学习的内外部条件（如设施、人员）、教学互动过程中所形成的氛围。教学环境是运用各种教学资源开展教学和学习活动的具体情境，是教学互动得以有效进行的特定场域。

### 一、信息化教学资源概述

#### （一）信息化教学资源的内涵

教学资源作为构成教学系统的基本要素，是指教学系统中支持整个教学过程达到一定的教育目的、实现一定教学功能的各种资源。

信息化教学资源，是基于教育信息化背景下产生的，主要包括信息化教学环境资源、信息化教学信息资源两部分。信息化教学环境资源指的是构成教学系统的各种信息化设施，如多媒体计算机及其相关设备、网络及相关设备、数字化音视频设备、通信设备等。信息化教学环境包括信息化学习设施、资源库、学习平台和工具。

信息化教学资源是指经过数字化处理的、能在以多媒体计算机及网络技术为核心的数字化设施上运行的各种教学信息资源，包括媒体素材（含文本、图形/图像、音频、视频和动画）、试题库、试卷、课件与网络课件、案例、文献资料、常见问题解答、资源目录索引、网络课程、电子图书、工具软件等。

一般认为，信息化教学资源更多地属于信息资源的范畴，是一种数字化教学信息的集合，经过了选取、组织等，使其更加有序化，同时也更加符合学习者的自身发展。在对信息化教学资源进行分析的时候，讨论了大量的教学信息和其教学价值，对数字化形式教学起到了促进作用。信息化教学资源包括教案

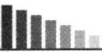

学案、教学图片、教学视频、教学音频、教学动画、教学试题、教学课件、各种专业数据库、各类教育教学网站等。

### （二）信息化教学资源的特点

与传统的教学资源相比较，信息化教学资源有着自己的特点，主要表现在以下几方面。

（1）信息资源呈现形式多媒体化。信息化教学资源的呈现往往是多媒体形式。

（2）信息资源获取便利性。师生通过搜索引擎快速查找并获取所需的信息资源。

（3）信息资源远程共享性。可通过互联网共享教育信息资源。

（4）信息资源更新便捷性。可即时创造或更新现有的信息资源。

（5）信息资源内容的广泛性。信息资源数量庞大，类型多样，内容丰富。

（6）信息资源增值生成性。信息化的设施使每个信息内容的使用者都是信息内容的制作者。比如维基百科，任何人只要能连上互联网，都可以在"编辑本页"的链接下编辑维基百科的大部分内容。每个人都可以自由地添加信息、参考资料来源或注释，不用担心在添加信息时出现差错，因为其他编辑者会适时地提出建议或修复错误。

## 二、信息化教学资源类别

根据《教育资源建设技术规范（征求意见稿）》，我国目前可建设的信息化教学资源主要包括九类，分别是：试卷、案例、试题库、媒体素材（含文本、图形/图像、音频、视频和动画）、文献资料、网络课程、常见问题解答、资源目录索引和课件与网络课件。另外，还可根据实际需求，增加其他类型的资源，如电子图书、工具软件和影片。

### （一）试卷

试卷是用于进行多种类型测试的典型成套试题。

### （二）案例

案例是指由各种媒体元素组合而形成的有现实指导意义和教学意义的代表

性事件或现象。

### （三）试题库

试题库是按照一定的教育测量理论，在计算机系统中实现的某个学科题目的集合，是在数学模型的基础上建立起来的教育测量工具。

### （四）媒体素材

媒体素材是传播教学信息的基本材料单元，可分为五大类：文本、图形/图像、音频、视频和动画。

### （五）文献资料

文献资料是指有关教育方面的政策、法规、条例、规章制度，重大事件的记录，重要文章，书籍等。

### （六）网络课程

网络课程是通过网络表现的某门学科的教学内容及实施的教学活动的总和，它包括两个组成部分：按一定的教学目标、教学策略组织起来的教学内容和网络教学支撑环境。其中网络教学支撑环境特指支持网络教学的软件工具、教学资源以及在网络教学平台上实施的教学活动。网络课程顺应人们需要终身学习这一趋势，为人们随时获取新知识提供了便利和强有力的支持。

信息化教学资源可以按其应用形态分为十五类：课件与网络课件、案例、操作与练习、虚拟实验、微观世界、教育游戏、电子期刊、教学模拟、教育专题网站、研究性学习专题、问题解答、信息检索、练习测试、认知工具和探究性学习对象。

### （七）常见问题解答

常见问题解答是对某一领域常出现的问题给出解答。

### （八）资源目录索引

列出某一领域中相关的网络资源地址链接和非网络资源的索引。

### （九）课件与网络课件

课件与网络课件是对一个或几个知识点实施相对完整教学的用于教育、教学的软件，根据运行平台划分，可分为网络版的课件和单机运行的课件。网络版的课件能在标准浏览器上运行，并在网络教学环境中共享。单机运行的课件可通过网络下载后在本地计算机上运行。

## 三、检索与获取信息化教学资源

### （一）检索信息化教学资源

信息化教学资源常用浏览式、搜索引擎、专业数据库、专业网站或学科教学网站进行检索。

1．浏览式检索

通过在互联网浏览，偶然发现所需信息或相关链接。这需要我们在日常的网络生活中，做个有心人，偶然发现，顺"链"而入，分类累积，可以获得意外的惊喜。

2．搜索引擎检索

百度的基本搜索语法和高级搜索语法，包括引号（英文状态下）、+、−、or、文件类型参数等。

引号的用法：将关键字打上引号后，把引号部分作为整体来搜索。如果输入的查询词很长，百度在经过分析后，给出搜索结果中的查询词，可能是拆分的。但给查询词加上双引号后，百度搜索就不会拆分查询词。例如，搜索"教育传播与技术"，如果不加双引号，查询词会被拆分，搜索结果可以是包括很多教育传播的网页和技术的网页；但加上双引号后，"教育传播与技术"就作为一个不可拆的整体，搜索结果只包含关于"教育传播与技术"的内容。

加（+）、减（−）号的用法：加号是搜索同时包含两个关键字的内容，相当于空格和and。减号是让某一关键字不要出现在搜索结果里面，相当于空格和not。使用加、减号时，要在加、减号前面加空格，否则它们会被当作搜索的查询词来使用。

or 的用法：如果想用或的方法搜索两个或更多关键字，可以用 or 语法，比如"教育 or 技术"，在搜索的结果中就可能出现其中的一个或两个关键字。

文件类型参数：如果只想查找某个特定类型文件中的资料，而不要一般网页，只需在搜索关键词后面加上"filetype：文档类型"即可。目前百度支持的文档类型包括PDF、DOC、RTF、XIS、PPT、RTF（百度支持的所有文档类型）。例如，数字化学习filetype：pdf，指搜索包含关键词"数字化学习"的pdf文档。

（二）获取信息化教学资源

查找到相关资源后，即可下载获取该资源。下载的方法有很多，常用的有以下几种方法。

1．网页另存

打开要下载的网页，点击"文件"菜单，从下拉命令列表中选中"另存"，选择保存位置后单击"确定"，即可下载该网页供以后使用。如果需要网页中的部分内容，则可以直接选中需要的内容，使用复制、粘贴的方式获得文本。如果需要禁止复制文字的网页，可使用查看源代码的方法进行复制。网页中的图片、GIF动画可以通过复制、粘贴的方式获得，也可以单击图片或GIF动画进行另存。

对于Flash动画和视频的下载，则可通过查看Internet临时文件，找到想要的Flash动画文件或视频文件，复制、粘贴到自己的素材文件夹里即可；有的Flash动画和视频可以直接使用迅雷等软件下载。

2．离线浏览器

离线浏览器是按用户的要求将网站内容从网络服务器下载到用户硬盘上的软件。如果对某个网站内容很感兴趣，或者想要日后不用上网也能浏览该网站内容，就可使用离线浏览器在自己的计算机上建立镜像站。当网站内容全部存储到自己的硬盘上时，就可以不受时间限制、不用上网，随意浏览网站内容。可以帮助实现离线浏览的工具有很多，比如Frontpage2003的"网站导入"功能就能把互联网上的网站导入到计算机硬盘上，从而实现离线浏览。

3．FTP文件传输

FTP文件传输是一种用于传输文件的方式，即将文件由一台计算机发送到另一台计算机，用此方式对文件进行传输可以提高文件的接收效率，可传输的文件包括电子报表、声音、编译后的程序，以及字处理程序的文档文件。例如，用户要从自己的计算机上传输一个文件到另一台计算机，可以使用

FTP 上传（Upload）。一般情况下，用户使用 FTP 下载（Download）或获取（Get）下载和管理文件，可以删除文件、移动文件、对文件进行重命名。

"文件传输协议"是互联网上使用非常广泛的，为用户传输文件而制定的一种通信协议。如果在相连的两台计算机上进行 FTP 文件传输，必须在用户计算机上安装 FTP 客户端软件，在服务器上安装 FTP 服务器端软件。这种软件的使用方式较为简单，先将该软件启动，接着启动后的软件会自动连接至远程主机，并对远程主机释放对应命令，待远程主机收到命令后即可立即执行。

目前，CuteFTP 是较为常用的软件，被大多数 Windows 系统的用户所使用。但是，FTP 软件也具有一定的限制，即未在主机注册过的用户没有使用权限，未注册即没有获得用户名和口令，无法与该主机进行文件传输。此外，匿名 FTP 服务器是个特例，它允许用户以 Anonymous 作为用户名，以 E-mail 地址作为密码来登录，获取免费资源。

4. 多线程断点续传软件

"多线程"是指将一个下载文件分成多个部分同时下载。单线程一次下载文件的一部分，而多线程可以同时下载一个文件的多个部分。"断点"是指下载文件过程中任务被暂停的位置。"续传"就是当一个未完成的下载任务再次开始时，将从上次的断点继续传送。比如文件下载到 70% 时中断，再下载时将从 70% 处继续下载。多线程断点续传软件有很多，比如快车、迅雷、BT。当下载的文件很大时，使用这些软件进行下载，速度会加快。

# 第四章

# 高等职业院校的信息化教学方法

第一节　多维立体教学法

第二节　MI-WebQuest 教学法

第三节　多维交互式项目驱动教学法

# 第一节　多维立体教学法

随着计算机网络和通信技术的发展，计算机辅助教育在全球许多国家和地区不仅在各级各类全日制学校中推广使用，还正在向社区教育、老年教育、职业教育等终身教育方面迅速发展。与此同时，一些信息化教学方法在信息化教学中也得到广泛应用。

为提高高职院校计算机审计专业的人才培养质量，就需要对他们的综合实践能力进行培养，在给审计学（计算机审计）专业学生教授审计实务课的过程中，不仅要提高对学院实验室发展、事务所实训基地发展、职称培训基地发展的重视，还要促进建立三位一体的培养模式，即学校、社会、学校三位一体，同时运用理论（准则库）、实务（案例库）、技术（软件库）、研究（项目库）开发多维立体的教学方式，从而提高学生的学习兴趣，使学生在带着问题学习的基础上提升自身综合能力，实现高素质应用型人才的培养目标。本节以"多维立体教学法"在"审计实务"教学中的应用为例进行阐述。

## 一、多维立体教学法概述

### （一）计算机审计专业学生的培养目标

教师在教授学生计算机审计专业课程的时候，需要提高学生的综合实力，包括较强的审计观念、较高的法律认知、较高的计算机应用水平、熟悉国内外审计标准、较高的创新意识等。在这些目标的基础上，可以促进学生综合实力的提升，使他们更容易胜任企事业单位、政府审计机关和社会中介组织中的相关工作，如会计、审计或者信息工作等。

目前，该专业培养的综合型人才已经落实就业，例如，就业于审计署、各地市审计系统、会计师事务所、审计软件开发公司、企业及事业单位内审部门、财务部门等。这些就业渠道可划分为三大类，包括审计、会计、软件开发。其中，从事审计工作的学生具有较高的信息技术应用能力，同时可以熟练地对数据进行分析、清理、转换、验证等，大多数的学生都能很快地适应工作环境，成长为业务骨干的学生也颇多；从事会计类的学生具有极强的财务软件和办公软件应用能力，对推动财务部门信息化建设具有重要作用；从事软件开发的学生具有专业的软件开发技能。

教育是在以人为本的基础上进行的实践活动，既要对学生传授知识，又需要培养学生的综合能力，如培养学生的活动习惯、独立思考能力等。以下是当前审计实务教学方法的不足之处。

**1. 传统课堂教学法无法唤起学生对真知的渴望**

传统审计实务课程的讲授多以教学案例加理论相结合的方式进行教学，以此提高学生对理论知识的掌握程度。审计实务课程教学主要在第五学期开展，导致学生对审计业务、真实企业的生产运作流程、业务流程、审计过程等达不到充分的认知，使学生在学习这些课程的时候更加困难，甚至提不起兴趣学习。此外，学生对审计需求没有正确的认知，学习目的不明确，导致无从下手。

**2. 学生动手能力不强**

审计实务课程开课之前，学生可以自主学习审计学原理，这样就能对该课程有一定的了解，同时，还需提高学生的动手能力，尤其是要提高对审计文档的操作能力。避免学生对学习产生茫然的感受，使教师可以更好地对学生的学习进行引导。

**3. 教学内容设计上有所欠缺**

教师在教学过程中，主要通过对学生进行提问和互动来解读、分析教学案例，从而完成大纲要求的教学目标。就教学设计而言，教师要准备充分的教学资料实施教学，有些教师在教学设计上还存在一定的欠缺，导致过于重视理论而不重视实践。

**4. 信息系统审计结合程度不高**

不少学生在教师教授审计实务课程之前未学习过计算机审计课程，导致学生对审计软件没有充分的认知，并且也不具备熟练使用计算机进行审计的能力。通常，信息系统审计主要包括审计理论、标准、指南、系统开发审计、信息技术、服务审计、网络环境审计、业务连续性计划审计等。目前，教师在对该专业的学生进行授课时，可以通过加入相关教学案例提高学生对信息系统审计的认知，也可以在实践环节加入信息系统审计相关的实践练习。

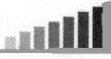

## （二）审计实务课程三位一体培养模式

高职院校需要加强对审计实务专业人才的培养，教师在进行授课的时候，需要促进对三位一体培训模式的建设，即学校、社会、学校三位一体，这种模式可以提高教师的教学成效。

首先，要提高对审计实务专业课程的重视，建立信息系统实验平台，以此更好地培养学生对审计理论、准则、指南、标准以及审计流程、市计方法等理论知识的掌握和实践，在实验基地的基础上，教师需要提升学生对各种软件的应用能力、操作技能、网络环境下的审计方式、信息系统安全等综合能力。教师在学生学习完重点章节后，需要及时结合对应案例进行授课，让学生们分段、分小组、分角色地参与到实践练习中，通过使实战双方或多方进行合作、对抗、竞争、配合等方式，以此培养学生对整个审计业务重要风险的认知，从而使其在完成完整的审计业务后提高自身的综合实践能力，这样会使学生更加容易适应单位的财务系统、业务流程和审计程序等。

其次，教师需要对学生进行进一步训练。教师在授课完成后可以通过把学生派入实训基地开展实践，以此提高学生在审计实务方面的专业能力。进行实训的学生可以通过真实的训练感受职场工作，并使学生的业务能力不断提升，还可以在工作中改进自身的不足之处，调动学生的学习积极性，使学生自觉提高对自身的要求，不断鞭策自己。

最后，学生经历了职场实训后会对此专业有更深刻的认知。为满足社会职称培训基地的要求，高职院校可以通过社会对学生进行各种培训，不断提高学生的综合实践能力，使学生的职称培养提前完成，这样既能确保学生的专业能力和水平，也能使学生更好地完善自身的不足之处，从而实现对学生进行三位一体的综合培养。

## 二、多维立体教学法的具体实施

在三位一体训练过程的基础上，学生可以从中提高自身的认知和实践能力。教师在进行审计实务课程教学时，要注重教学方式的运用，应当选用适合学生学习以及符合教学目标的教学方式，从而建立多维立体式教学。

## （一）以标准库为基础，强化理论教学

高职院校应当加强对国内及国际现行审计准则、审计指南以及相应的计算机审计、信息系统审计标准的认知，例如 COSO、COBIT、ITIL、ISO、GB/T 等。审计理论的教学内容主要包括审计准则、标准，教师在进行教学的时候，需要将理论教学与现行要求结合，以此使教学更加贴合实际。

## （二）以案例为辅助，丰富实务教学

教师在对学生进行理论教学的时候，可以结合对应案例使授课更加生动，配合合适的教学方式可以提高授课成效，同时激发学生的学习兴趣。案例教学是在理论教学的基础上进行的，实务课程中的案例是其理论的延伸，对知识具有扩充作用，可以促进学生与教师在课堂上进行有效互动。高职院校应当不断完善案例库中的案例，要充实讲解分析型案例，拓展角色扮演型案例，提高学生在进行角色扮演时的知识掌握能力，促使学生在互动中反思，发现问题并解决问题，从而提高学生的学习主动性。

## （三）以软硬件库为工具，拓展理论方法

教师可以通过许多方法对学生进行审计实务课程讲授，例如审计抽样等。审计抽样是指对海量数据进行快速分析，并从总体中找出疑点，这是现代计算机审计人员的主要工作。另外，审计人员需要确认会计信息系统与业务信息系统所提供数据的真实性，这是审计人员的重要工作，其对审计单位的信息系统、网络环境、结构等进行分析，这都体现出现代审计人员的专业素养和能力。因此，教师在进行审计实务课程教学的时候，可以通过选取个别案例培养学生的实践能力，使学生运用现有实验基地的软硬件平台对理论知识进行实践，从而快速提高学生对该部分知识的正确理解和应用。

## （四）以项目库为前沿，激发兴趣爱好

高职院校应当重视学生的学习兴趣，使学生从学习中获得乐趣，以此激发学生的学习兴趣，从而提高学生的学习成效。教师可以以自己的研究项目为基础，也可以自选模拟课题，并让学生加入自己喜爱的项目中，还可以让学生在课余时间阅读国内外经典著作，以此提高学生对理论知识的理解

能力。此外，还可以鼓励学生积极参加竞赛活动，从而对学生进行深层次培养。

## 第二节 MI-WebQuest 教学法

本节主要以 MI-WebQuest 教学法在财务管理课程教学中的应用为例进行阐述。教师可以在财务管理课程教学中加入 MI-WebQuest 教学法，以此丰富教学模式，其中，翻转课堂的教学模式可以促进学生自主学习，提高学生的学习兴趣，培养学生的自主思考能力和创新能力，从而提高教学成效。

### 一、MI-WebQuest 教学法概述

#### （一）MI-WebQuest 教学法

WebQuest 教学法是 1995 年美国圣地亚哥州立大学教育技术学院教授伯尼·道格和汤姆·马奇开发的一种利用网络资源开展的、教师指导下的主题探究式教学方法，这种教学方式可以提高学生获取信息的能力，使教师可以更好地对学生的学习成果进行评价，可以更好地应用教学方式提高教学成效。当前，教育界正在向信息化教育发展，由此出现了大型开放式网络课程（Massive Open Online Courses，MOOC）、微课、翻转课堂等新的教学模式，以及笔记本电脑、智能手机、IPad 等数字化学习用具，世界大学城空间、微信、微博、QQ 群等学习平台。在信息化时代的发展下，高职院校教育教学面临着信息化建设，促使 WebQuest 向新的方向发展，使教师在教学中可以有更多的教学资源、更丰富的教学方式，如利用学习工具、学习平台进行教学，以此实现多维度交互式的自主探究性学习，这就是 MI-WebQuest（Multidimensional Interaction Web Quest 的简写）教学法。

#### （二）MI-WebQuest 教学法的实施背景

目前，高职院校大部分学生的文化课成绩不好，并且对学习缺乏兴趣，不具备良好的自主学习能力。因此，教师需要创新教学模式，激发学生的学习

兴趣，若继续采用传统的教学模式会导致学生出现逃课行为，同时，影响教师的教学成效。传统教学模式即你讲我听式教学，这种教学模式会导致学生在课堂上出现睡觉、玩手机、讲话的情况，由于课上没有认真听讲，还会出现抄袭作业的情况。传统的教学模式使教师非常苦恼，极大地打击了教师教学的积极性。为满足高职院校的人才培养要求，高职院校需要使用全新的教学模式进行教学，这是提高教师教学成效的关键。

世界大学城是信息化建设下的产物，其中含有丰富的教学资源，受到各个院校教师的欢迎和学生的喜爱。在世界大学城中，学生可以根据自身的兴趣找到对应的学习资料，还可以创建学习讨论组，以此对相同的兴趣爱好进行探讨。这种学习模式可以充分调动学生的学习兴趣，同时，这种学习模式以新教学理念为主，充分利用QQ、微信、微博等平台的功能，采用翻转课堂教学模式，将财务管理课程内容分解为若干项具体的学习任务，从而提高学生自主学习的兴趣和学生的学习成效。

基于此，既培养了学生的自主学习能力，也使学生对知识的了解更加全面，将被动学习变为主动学习，提高了教师的教学成效，培养了学生的实践能力和创新能力。

## 二、MI-WebQuest 教学法的具体实施

高职院校财务管理课程是高职会计专业、财务管理专业的核心课程，主要教学目标是培养学生分析问题、解决问题的能力。MI-WebQuest 教学法以培养学生的实践能力、探究能力、创新能力为主，应用这种教学方式培养出的专业人才更符合高职财务管理课程教学改革的需要。在一定情况下，应用此种新型教学方式可以提高学生的学习兴趣，从而提高会计专业财务管理课程的教学成效。

MI-WebQuest 可以广泛地应用在教学中，前提是在高职院校具备联网条件的基础上，在进行网络连接后即可应用此方式的教学，这就要求教师具有信息技术应用能力，同时，也要求学生掌握计算机的操作，这样才能从整体上促进教学的发展。以下是此教学方式在教学实践应用中需要重视的几个环节。

### （一）创设情境，提出问题

在导入环节，教师应当营造出一种轻松、良好的课堂氛围，这样的教学氛

围有助于教师引出课程问题，同时可以很好地调动学生学习的积极性。例如，教师在向学生讲述风险价值相关知识的时候，可以通过播放相应视频激发学生的学习兴趣，并从中引出课程问题，这样的教学方式既能使学生对学习充满期待，又能使学生快速了解风险与收益的关系，从而提高学习成效。提高学生学习兴趣的方式之一就是使学生对学习充满期待，这样学生就会在兴趣的引导下主动学习，从而使整个教学课程充分发挥其价值。

### （二）布置任务，明确要求

教师用课程相关视频将学生的学习兴趣激发后就可以顺势提出相关问题，让学生对这些问题进行解答。例如，作为个体投资者面临的风险有哪些？带给公司的风险有哪些？怎么正确对这些风险进行衡量？公司的这些风险和其收益的关联性等。教师在给学生设定教学问题的时候，需要注意的是这些问题必须是可行的，而不是一些莫须有的题目，以与实际生活相关的问题对学生进行提问最为合适，然后可以给学生提供一些可供查找资料的网站辅助学生解答问题。此外，还可以让学生就一些问题进行探讨，并告知具体考核标准，这样学生既能明白解决问题的方向，也能更有效地对问题进行解答。

### （三）团队协作，展开任务

教师需要重视团队协作学习，学生在进行团队学习的时候，通常具有更高的学习兴趣，对学习的兴趣促使学生更好地学习，从整体来看比单人作战更有优势。让学生进行组团协作可以使成员之间取长补短，同时可以收集到更充分的见解，既锻炼了团队协作能力，也使学生对问题进行了很好地解答。通常，可以将学生分为五人一组，并选出其中能力较强的担任组长。完成分组、选定组长后，教师可以根据问题进行任务分配，还可以在学生讨论的时候在一侧旁听并进行适当的引导，引导学生找到正确的解题思路，从而使课堂上的学习氛围更加轻松，提高学生获取知识与技能的成效。教师在这个环节中，需要指引组长对组内成员进行分工协作，并在网络资源的基础上完成信息自主收集，一起分析问题、提炼内容、解决问题，同时，教师必须要给予学生充分的自主学习的时间，以此培养学生对知识的探索欲。

### （四）交流探讨，解决难题

教师应当重视学生自主学习的过程，及时发现学生学习中的问题并进行适当引导。例如，搜索哪个网站可以解决问题？在网站需要查找哪些资源？不同资源之间的区别是什么？怎样查找资源速度快、效率高？这些都是可以引导学生正确解决问题的重点，学生在接收到指引后可在组内进行分工，促使每个人都可以完成对应任务。组内成员需要对自己的答案进行表述，以此交换问题答案，最后将答案进行统一即可，这种方式提高了学生的自主学习意识，还培养了团队协作的能力。就一些难解决的问题而言，学生可以在QQ、微信、世界大学城空间等平台向教师咨询，以此获得帮助。

### （五）成果汇报，做出总结

组内成员完成对问题的探讨、分析、总结后，就可以派代表进行发言，其中，以PPT进行成果展示为最佳，可以提高学生的实践能力，同时提高学生学习知识的成就感。由于各个小组完成问题解答的方式不同，所以会有不同的答案。教师需要对这些答案进行评价，并给出适当的建议，利用课堂时间组织学生共同讨论，从而引导学生在问题中总结规律，为以后解决问题打下基础。这种教学方式减轻了教师的教学压力，使教师不用在课堂上讲授基本概念和理念，而是让学生自主学习，教师从中充分发挥指导作用，让学生利用丰富的网络资源完成知识的建构，学会用信息解决实际问题，锻炼了学生的思考能力和实践能力。合理的教学方式可以增强学生的学习兴趣，提高学生的学习成效，团队协作培养了学生的团队精神，同时，课上交流和展示也使学生对知识有了更深刻的认知。

### （六）学习评价

学习评价主要包括自主学习能力、合作学习能力、完成任务能力以及反思学习能力四个方面。学生在大学城空间浏览、学习就会留下相应的学习轨迹，还有向教师请教问题的次数、浏览教学资源的记录等，这些都是体现学生学习情况的重要数据，可以体现出学生参与学习的情况、课后任务完成展示、在线自测考试的情况等，这些都是学生学习评价的重要依据。教师在对学生进行评价的时候需要根据学生学习的实际情况进行评定，既不给学生过多的压力，又能使学生的学习成效提高，同时客观准确地反映了学生的学习效果。教师对学生进行评价通常采取学生自评、团队互评、教师评价、企业专业评价相结合的多元化评价方法，这样才能从整体上对学生的学习过程、学习成果进行准确的总结，以此提高学生的学习参与度，全面培养学生的知识素养和实践能力。

教师在开展教学的时候可以应用 MI-WebQuest 教学法讲授财务管理课程，这种新型的授课模式可以很好地转变教师角色，使学生成为课堂的主体。教师在课堂上进行情境创设，以此激发学生的学习兴趣，培养学生自觉提问题的习惯，并学会自主探索答案，教师在鼓励学生的基础上使学生积极参与实践探索，从而提高学生的实践能力、探究能力和创新能力。

高职院校需要重视网络资源，培养学生正确使用互联网解决问题，学生可以利用网络资源找到多种问题的解决方式，并且这些答题方式不受课堂、课本的约束。就教师设计课程而言，可以通过应用与课本不同的资料加深学生对知识的了解，培养学生重新建构答案的能力，从而对知识进行充分地了解与认知，提高学习成效。

目前，信息技术的快速发展促使教师在课堂中的定位发生了转变，传统的教学方式是以教师为主，学生在台下听老师讲。然而，在信息化时代下，学生成为课堂的主体，教师成为学生学习的助力和组织者。信息化时代使教师教学资料的来源更广泛，学生的学习地点更多样化，只要是网络能到达的地方学生就可以随时开展学习，这给学生带来了充足的学习空间和丰富的知识来源。学生在学习知识的时候，可以通过各种渠道对知识进行了解，从而掌握知识，这使学生具备了自主学习的习惯，主动探索未知的知识，善于发现问题、解决问题，从整体上提高了学生的综合能力。

## 第三节　多维交互式项目驱动教学法

随着信息技术的快速发展，计算机在各行各业得到了普及，高职院校也开设了相关课程，即计算机应用基础课程。教师在讲授计算机应用基础课程的时候，主要讲授计算机基本操作技能和办公软件使用方式，开课时间通常是在第一学年。本节主要以多维交互式项目驱动教学法在计算机应用基础课程中的应用为例进行阐述。

## 一、多维交互式项目驱动教学法概述

多维交互式项目驱动教学是以社会经济发展和市场需求为主的教学方式，可以完善教学环节，使各个环节相互支撑、渗透。这种教学模式还可以强化学生的实践能力和创新精神，从而培养学生成为综合型人才。

### （一）课堂讲授＋双边互动＋多媒体辅助

教师在对学生进行教学的时候，需要转换自身角色，将学生作为课堂的主体，在以学生为主的情境下进行教学。教师则是充当学习的组织者，课堂的策划者、监督者、指挥者和评价者。学生在课堂中应当自觉处于主体地位，使其不再是被动学习者，而是课堂教学的劳动者、求索者。教师在教学过程中可以充分采用讨论法、案例驱动法、任务驱动法等方式进行教学，这些教学方式既可以培养学生的学习能力、协作能力，还可以提高教师的教学成效。

### （二）合作学习＋网络学习＋自主学习

在信息化时代下，网络技术的快速发展使教学模式呈现多样化的发展趋势，教师应用网络技术进行教学可以使教学内容不受时间、空间限制，极大地提高了教师的教学成效。高职院校信息网络建设是促进教学多元化发展的重要举措，只要有网络的地方就可以进行网络教学，教师可以通过将学生学习项目、任务、视频等学习资料上传至世界大学城即可实现资料共享，方便学生利用网络随时随地进行学习，从而更容易提高学生的学习成效。学生可以针对自身知识的不足之处进行反复学习，还可以利用交流平台讨论问题，培养了学生自主学习的习惯，使教学更加适应信息化时代的发展。

### （三）项目驱动＋服务专业＋第二课堂

计算机应用基础教学主动向学生的专业靠拢，与就业接轨，体现教学的特色性和实用性。教学中实现了因材施教、因需施教。对于不同的专业，教师在教学过程中有不同的侧重点，如应用化工专业加强了化学方程式的录入，会计专业加强了函数的使用，计算机专业加强了论文的排版训练……在学习完表格知识后，让学生们设计一份简历，为他们两年后找工作打下基础。通过开展第二课堂、开设选修课、举办特色讲座等方式，帮助学生开展实用性知识的学习和实践。

## 二、多维交互式项目驱动教学法的具体实施

### （一）项目设计

项目设计是多维交互式项目教学设计的核心，要参照课程要求和学生的基础进行项目设计，要选择有代表性、有应用价值的真实项目，将教学内容与实践活动结合在一起，项目完成后要有明确而具体的成果展示。项目要具有一定的难度，不仅是已有知识和技能的应用，还要求学生在应用中探索未知的知识，在一定范围内解决遇到的实际问题。

### （二）《计算机应用基础》课程教学案例

1. 项目概述

学生在毕业前需要撰写毕业论文，这是反映高职院校学生是否掌握知识理论和技能的重要途径，学生需要在了解专业知识和技能的基础上进行综合训练，这样才能使其正确掌握知识理论和技能，从而培养学生的创新能力、实践能力和创业精神。学生的毕业论文是深化其对所学知识的理论认知和技能使用的重要方式，对教学过程也具有一定的检验作用，大三学生在顶岗实习之前需要完成毕业论文。

2. 教学内容

学生需要自主进行论文的编写，同时还要能够独立完成目录生成、公式使用、分页、页眉页脚、脚注、尾注等。

3. 预备知识

学生要熟练掌握 Word 文档的使用方式，包括文档创建、文本编辑、Word 文档打开和保存等基本操作，有助于学生对论文进行文档格式化与排版操作。

4. 教学目标

（1）知识目标：学生需要学会使用文档样式、公式插入法、图片插入法和文本框使用法等。

（2）技能目标：学生需要学会使用 Word 排版、图文混排、分页、页眉页脚、目录生成等操作。

（3）态度目标：学生应当正确对待知识交流和团队协作，以此培养学生的团队精神，强化学生的工作作风。

5．教学重点和难点

（1）重点：目录的生成；图文混排；页眉页脚；公式的插入。

（2）难点：样式；图文混排。

6．教学过程

（1）复习提问。教师在课堂上将两份文档进行展示，一份是学生自己写的，另一份是教师整理后的，让学生比较这两个文档，并对不同之处进行讨论、学习，从而使学生学会文档排版。

（2）演示操作。教师需要通过示范使学生进行学习。同时，教师需要在示范过程中讲解各个知识点，并逐步完成排版，使学生明确步骤。

第一步：教师演示第一份纯文字的论文，让学生思考这两份论文在排版上的不同，学生分组展开讨论。

第二步：教师对各组学生的回答进行总结来引入知识点，并进行相应步骤演示。

第三步：完成文档的总体排版，并对重点进行强调。

（3）项目引入。学生在观看了教师的演示后就可以开始自主实践了，在Word中对论文进行排版。在排版过程中，相关问题可以向教师询问，以此促进教学成效。

（4）注意事项。排版要求按照湖南化工职业技术学院《学生毕业设计（论文）撰写规范》进行。

（5）作品评价标准。教师需要指出论文标准，例如，是否插入图片、艺术字、图形等；图片格式设置、图文环绕方式等；页眉页脚操作等，是否将各个知识点都熟练运用；是否自动生成了目录；图片和文字内容是否协调。

（6）作品制作。学生们根据项目要求和评价标准进行排版。教师在一体化教室里来回巡视指导，必要时给予适当指导。这一阶段教师除了给学生指导外，还要管理课堂、适时插入讲解和评价。

（7）总结评价。学生通过世界大学城提交项目，教师在线批改并反馈意见，如果做得不理想可以重复提交作业，直到所有学生都能较好地完成项目。

# 第五章

## 高等职业院校的信息化教学设计能力

第一节　高等职业院校对教师信息化教学设计能力提出的要求

第二节　高等职业院校信息化教学设计能力的理论基础

第三节　高等职业院校信息化教学设计能力的要素及结构

第四节　高职教师信息化教学设计能力提升策略

## 第一节　高等职业院校对教师信息化教学设计能力提出的要求

目前，信息化时代的快速发展给教师的教学水平带来了更高的要求，教师需要在全新的教学工具和教学环境下提高教学成效，同时，需要对传统的教学方式进行创新。教师需要在信息时代下与时俱进，并培养熟练使用信息技术开展教学的能力。信息时代下的信息化教学方式并不是完全替换传统的教学方式，而是在传统教学方式的基础上进行的信息化教学模式创新。传统教学模式和信息化教学模式都涉及学生、教学内容、教学媒介等教学基本要素，并且都是以可操作性的教学计划进行教学，但是，信息化教学模式是在全新时代背景下对传统教学模式的革新和发展。因此，教师需要及时对信息化时代下的教学发展进行深入探究，从而提高自身的教学实力。

### 一、教师必须认同、接纳新的教学理念

信息技术的快速发展使其逐渐融入课堂教学设计中，在教师提高自身信息化教学设计能力的过程中，需要积极主动地适应信息化教学模式，转变传统的教学设计思路，同时，熟练使用信息技术和产品的应用技能。在信息化时代下，网络资源有好有坏，教师不能只关注网上有可供学习的知识，还需要对这些知识进行筛选，同时呼吁学生提高对网络信息的辨别能力，从而促进传统教学模式的改革。教师需要积极面对当下时代发展现状，主动提高自身的信息技术应用能力，接纳计算机应用技术给教学带来的优势，促使高等职业院校教育教学发展与信息化时代发展同行。

### 二、掌握使用信息技术的技能

高职院校需要培养学生的综合实力，这是提高学生实践能力的重要基础。信息化时代要求学生对信息技术有高度认知，并提高自身的信息技术应用能力。高职院校在提高教育教学成效方面可以通过将信息技术融入教学活动的方式提高学生的学习成效，例如，在讲授课程的时候，教师合理利用PPT、视频

等多媒体辅助教学，这样既可以提高学生的学习兴趣，还能提高学生的专注度，从而使教师的教学成效有所提升。信息化时代的发展，使云计算、大数据、移动互联网逐渐得到普及，这些新技术的出现给高职院校教育教学带来重要发展机遇，教师在教学活动中可以利用微课、慕课、翻转课堂等新型教学模式提高教学成效，实现对教学数据的处理分析、网络资源的整合再现。信息化时代下大量的新技术出现，也给高职院校教育教学发展提供了新技术、新方向，优化了教师教学模式。传统教学模式已经不能适应信息化时代的发展需求，因此，教师需要学习计算机应用能力，才能更好地适应信息化时代的发展需求。此外，信息化教学需要注意不能过于依赖信息技术，要想切实提高教学成效，教师自身的教学能力和知识储备是基础，在此之上，合理地应用信息技术才能取得更好的教学效果。

## 三、高等职业院校信息化教学设计能力与传统教学设计能力的区别

信息化教学设计能力包括了信息技术应用能力、教学能力和教学设计能力，是各项能力的综合体。信息化教学设计能力是基础信息技术的教学设计，包含意识态度、知识和技能三个维度。以下是信息化教学设计能力与传统教学设计能力辨析表，见表 5-1。

表 5-1　传统教学设计能力与信息化教学设计能力的辨析

| 辨析项目 | 传统教学设计能力 | 信息化教学设计能力 |
| --- | --- | --- |
| 意识、态度 | 主要以行为主义和认知主义教学理论为指导；侧重于教师的教法设计，尤其是对固有教学策略、教学模式的线性设计 | 主要以建构主义教学理论为指导，同时兼顾行为主义和认知主义教学理论；侧重于学生的学法，帮助学生实现对知识的意义建构，突出教学环境设计、任务设计等 |
| 知识 | 学科专业知识；一般教学法知识 | 基础知识（学科专业知识、一般教学法知识、信息技术知识）；交叉性知识（信息技术环境下的教学知识、信息技术与学科专业知识、传播学知识等） |
| 技能 | 一般性的课堂教学技能 | 一般性的课堂教学技能；信息技术应用能力；信息技术环境下的课堂教学技能 |

如表 5-1 所示，从意识态度、知识、技能三方面对二者进行辨析，可以看出二者存在一定的本质区别。信息化教学设计能力与传统教学设计能力相

比，前者比后者更加完善，符合信息化时代的发展需求。传统教学设计能力含有认知主义教学理论和行为主义教学理论，而信息化教学设计能力包含建构主义教学理论、认知主义教学理论和行为主义教学理论，是一个新型的综合指导体，发展以学生为主的教学活动，合理利用教学氛围提高学生的学习兴趣，从而提高教师的教学成效。新型教学模式需要教师结合教学环境、问题、任务等内容设计教学活动，这要求教师具备更高的信息技术应用能力和更广泛的知识储备。教师需要及时提升信息技术应用能力，以此促进专业学科、教育教学和信息技术的合理结合，使现代化信息技术可以为高职院校教育教学活动助力。

## 第二节 高等职业院校信息化教学设计能力的理论基础

### 一、建构主义学习理论

建构主义学习理论对 20 世纪 90 年代的教育教学起到了重要的推动作用，包括行为主义理论、认知主义理论、心理学理论等。建构主义学习理论由皮亚杰提出，其中阐释了儿童在周围环境下的行为活动，表达了二者是相互作用的关系，由平衡向不平衡发展，再由不平衡向新的平衡发展的认知过程，从而拓展自身认知，提高实践能力。

建构主义学习理论下的四要素包括情境、协作、会话和意义建构，这四项是学习环境中重要的四大要素，四大要素与信息技术合理融合可以发挥其重要价值。

情境，要求教师在教学活动中营造适合学生学习的教学环境，基于此对学生进行知识教学，这种建构模式可以激发学生对学习的兴趣，提高学生的学习效率。教师应当在教学活动中自觉营造良好的教学氛围，并创造真实的教学情境，重视教学设计，使信息技术为高职院校教育教学发展助力。

协作，要求教师注重教学过程和教学策略，合理地应用教学资料、教学策略和教学模式以促进学生对知识的理解，并实现自主交流。信息化时代的快速发展使互联网得到普及，基于互联网通信技术，教师和学生可以在平台上实现自主交流，极大地拓宽了学生学习知识的方式和途径。不同的学生对知识的理解程度不同，学生可以在平台上发表自己的观点，从而相互交流，在与他人进行交流、学习、互助的过程中不断提升自己对知识的理解能力。这是一种高效的学习方式，对学生的建构能力具有提升作用，符合信息化时代的发展需求。

会话，要求教师在教学活动中提高学生自主交流的成效，教学是以学生为主的实践活动，学生通过自主交流可以增强对知识的理解，当学生在分享自己的观点的同时也为其他学生提供汲取经验的机会，充分拓宽了学生的思维能力。在教学活动中，学生之间的交流是激发学生学习兴趣的重要方式之一。此外，多媒体计算机带有的语音系统功能可以为师生交流提供助力。

意义建构，体现的是整个教学过程的最终目标，有助于学生在学习过程中进行自我检验与调整。意义建构要求教师在对教学活动进行设计时，要以学生学习知识为主，并将新旧知识结合教学，在此基础上需要创设教学情境，借助多媒体技术和网络技术生动、形象地传授知识，这样可以唤醒被学生尘封在记忆深处的知识，从而促使学生利用自身已有的知识同化新知识，以此实现教学模式的优化，提高了教学成效。

信息化时代下建构主义学习理论为教师教学提供了新的发展方向，极大地提高了学生的学习成效。建构主义学习理论要求教师以学生为中心进行教学，在此基础上创设以学生为主、教师为辅的教学课堂，充分发挥学生的学习能力和教师的指导作用，为提高教师的信息化教学能力打下基础。

## 二、胜任力理论

"胜任力"这一概念最早由哈佛大学的戴维·麦克里兰教授在其 1973 年发表的一篇题为《测量胜任能力（competency）而非智力》的重要论文中提出。能力是直接影响工作业绩的个人条件，个人胜任能力决定工作绩效与持久品质。基于胜任力理论出现了胜任力理论模型，包括冰山模型和洋葱模型，胜任力包括技能、知识、自我概念、特质和动机五个部分。冰山模型把技能和知识置于上方，把自我概念、特质和动机置于下方，上方的是可观察的，下方的是不可观察的。洋葱模型把技能和知识置于最外层，向内依次是自我概念、特质和动机，越向内的越不容易发展。

## 第三节　高等职业院校信息化教学设计能力的要素及结构

### 一、信息化教学设计能力的构成要素

能力是多方面、多维度的综合体，在不同视角下的概念和含义是不一样的。首先，信息化教学设计能力基于信息化技术而产生，为教师在信息化时代下的教学发展提供了方向。教师个体能力直接影响了其绩效和教学能力，教师在教学中对计算机的操作能力、动手能力都是个体能力的体现。其次，能力也指可以使个体基于标准进行岗位活动的个体知识、技能、态度等，这些是决定个体从业心态和发展的重要要求。基于此，本节对教师个体能力进行分析，并以胜任力理论为依据，对信息化教学设计能力进行研究。意识态度、知识、技能三要素基于胜任力理论和洋葱模型而产生，以下对三要素进行解析。

第一，意识态度可以直接影响教师的教学成效，有助于激发教师的教学潜力。意识态度很难从外部观察，是教师不断提高自身知识储量、不断学习新技能向更高的位置发展的动机。意识态度包括教师对自身的认识、对信息技术的接纳程度和对信息技术教学的认可程度等。

第二，知识可以通过教师的教学活动体现，因此，其具备一定的外显性、可观察性，是个体习得技能的重要前提。知识包括信息技术知识、学科专业知识和教育教学知识，这些知识正是促进信息化教育教学顺利开展的关键，教师只有对这些知识有深入的了解才能使信息化教学顺利开展，才能在教学活动中发挥信息技术的优势，从而提高教学成效。

第三，技能是个体的外显能力，技能具备可观察性，也是基于知识而形成的能力。技能包括教师对信息化硬件设备的操作能力、对计算机的管理能力、对计算机的应用能力、对信息化软件的操作能力、对网络学习资源的获取能力、对学习资源的处理能力、对学习资源的开发能力等。总而言之，信息化教学模式是基于教师的意识态度、知识、技能构建而成，是经过进一步系统化整合而形成的稳定的心理结构和外显行为。

## 二、信息化教学设计能力的结构

高等职业院校信息化教学设计能力是依据我国《教师教育技术能力标准》中的相关内容所规定的，由此将信息化教学设计能力划分为四项，分别是基本信息素养、信息化分析能力、信息化设计能力和信息化评价能力。在这四项能力中，除基本信息素养外，另外三个一级能力还可以进行再一次划分，即划分为二级能力结构。

### （一）信息化分析能力

信息化分析能力能在不同对象中体现出不同的二级能力。

第一，信息化分析教学对象。教师掌握信息技术是开展信息化教学的重要前提。在信息技术的支持下，教师通过合理应用计算机技术对学生开展教学，同时还可以分析学生的学习情况，为教师找到适合学生发展的教学方式打下基础。此外，教师还需要学会信息技术相关知识，提高计算机操作能力。学生需要提高自身的计算机应用能力、查找信息资源能力和自主分析能力等。

第二，把握课程目标能力。教师在对学生开展教学的时候，需要明确教学目标，主要包括分析学生学习情况、分析学生发展方向和分析课程要求等。

第三，分析教学目标能力。教师应当具备一定的教学目标分析能力，这对教师设计教学活动起到重要的促进作用，教师可以根据不同班级的学生进行特定的教学，基于学生学习情况的教学有助于学生学习成效的提高。教师应适当在教学设计中融入信息化教学模式，以此适应信息化时代发展对教育教学的需求，提高高职院校教育教学的信息化水平。

第四，分析教学内容。教师需要对备课的内容进行分析，有助于教师巩固教学内容，便于传统教学模式向信息化教学模式的转换。

### （二）信息化设计能力

第一，设计信息化教学目标。教师需要细化教学目标，可将教学目标进行层次划分，以此深化对教学目标的理解，同时还可以结合学生对信息化教学的适应程度和学生学习情况，从而实现更好地教学。

第二，设计教学内容的能力。教师需要根据教学目标设计教学内容，包括教学单元、题材等方面的内容，重视学生的学习成效，以及将新知识与学生已有的知识进行衔接。

第三，设计信息化教学环境。设计信息化教学环境要求教师基于适合学生学习的方式进行教学设计，可以借助信息技术对应设备等进行教学，可以提高学生的学习兴趣，促进信息化教学发展。此外，信息技术给教师带来了更多便利，例如，利用信息技术将教学过程记录下来，以便教师课后对教学过程进行分析和反思，以此提升自身的教学能力。

第四，设计教学评价。设计教学评价要求教师依照相关测评方式对教学进行评价，例如，网络调查问卷、互动测试等，这些都是可以帮助教师对教学活动进行综合评价的基础方式。

### （三）信息化评价能力

信息化评价能力是教师利用信息技术对教学进行评价的必备能力，包括了信息化教学评价能力和评价信息化教学设计成果能力，这两项能力属于二级能力。其中，信息化教学评价能力要求教师根据信息技术对教学活动展开综合性评价，需要教师就教学活动写出教学反思，促进了教学活动的交流，提高了教师的教学能力；评价信息化教学设计成果的能力需要教师在教学活动中融入信息技术开展教学，以此促进信息化教学的顺利开展，其主要包含了反思信息技术与教学设计各个环节、教学设计中融入的信息技术是否正确等。

## 第四节　高职教师信息化教学设计能力提升策略

### 一、教师方面

#### （一）教师要把自身素质的提高和整个教育教学活动结合起来

信息化教学发展需求包括教师提高自身的信息化教学能力，基于此，教师要对信息技术进行充分了解和掌握，便于教师自查在信息化教学中的不足之处，促进教师尽快适应信息化教学模式。教师除了学习信息技术应用知识，还要不断探索信息技术与课堂教学的融合方式，并以充分的教学资源进行教学，激发学生的求知欲,提高学生的学习成效。教师在应用信息技术进行教学时,需要在学生学习思维的基础上提前进行教学设计,利用信息技术的优势结合图片、音频、动画、视频等进行教学,营造积极的课堂教学氛围,激发学生的学习兴趣,从而提高信息化教学成效。此外,基于不断发展自身能力,教师需要积极参加教学比赛、区级信息化大赛、信息化教学能力比赛等,提高教师的教学实践能力,使教师的信息化教学能力在实践中提升。

### (二)教师通过个人的"反思"来提高自己的信息化教学设计能力

教师个体因素会直接影响信息化教学成效。因此,教师需要正确看待、认可信息化教学模式,不断对信息化教学模式进行研究,将信息技术应用在教学中,更好地完成教学目标。信息化教学需要教师不断反思自身的信息化教学模式,采用合适的方式融合信息技术,在以学生为主的理念上培养学生的自主学习能力,课后对信息化教学实践进行反思和提升,促使教师的信息化教学能力不断提升。

### (三)深入学习教学设计理论

教师应当自觉对教学理论进行深度探索,同时注重理论实践成效,积极对自身教学活动进行反思、评价,不断培养自身的教学实践能力。教师需要培养学生自觉解决问题的能力,鼓励学生积极主动学习,从而使学生在实践中掌握理论知识。基于教师信息化教学实践能力的提升,推动了高职院校信息化教学的发展。

## 二、学校方面

### (一)建立良好的激励机制与资源整合机制

教师在提升自身信息化教学设计能力的同时更需要高职院校的支持,校方应当对教师实行鼓励机制,激发教师的教学激情,营造出教师积极进行自身能力提升的良好氛围,发展符合高职院校发展需求的教学能力,推动信息化教学快速发展。校方可以将信息化教学设计展开评比,既激发了教师对信息化教学模式的热情,又推动了信息化教育教学的发展。此外,校方可以积极鼓励教师参加校级、省级信息化教学比赛,通过专家的评价改进教师个体在信息化教学方面的不足之处，从而推动高职院校信息化教育教学的发展。高职院校教育教学发展需要提高信息资源共享的程度，以此适应教学活动对教学资源的需求，同时，还要推动校内教师相互合作，提高信息化教学成效。

**（二）开展教师培训，注重提升培训质量**

首先，高职院校需要对教师进行多元化培训，丰富培训方式。培训方式主要包括线上网络应用培训、脱岗集中研修培训、跟岗实践观摩培训以及专家送培到校等。高职院校可以依照教师年龄进行相应的培训，从而更好地针对教师的薄弱之处进行能力提升，同时还需关注学习能力较强的教师，及时对这些教师进行更多的信息化教学设计培训，为培养出高素质、高能力的信息化教学教师打下基础。其次，教师信息化教学设计培训的内容应该结合学科的特点，从高职专业教学一线的实际需求出发。只有把握高职教学活动对信息化教学设计的真正需要才能对症下药，设计出符合实际教学的培训内容。因此，信息化教学设计培训者要走进高职，深入了解高职教师的教学设计存在哪些问题，根据存在的问题有针对性地开展培训活动。

信息技术在教育领域的广泛应用推动着教育的变革，信息化教学顺应时代发展的趋势。教育信息化的发展对各门课程的教学设计也提出了新的要求。教学设计是教学的前提，教学设计是否科学、合理直接影响着最终的教学质量。

# 第六章

# 高等职业院校的信息化教学路径设计

第一节　基于简易多媒体环境的教学路径设计

第二节　基于网络环境的教学路径设计

第三节　基于交互式多媒体环境的教学路径设计

第四节　基于大型系统仿真教学平台的教学路径设计

第五节　基于沉浸体验式虚拟仿真软件的教学设计

# 第一节　基于简易多媒体环境的教学路径设计

随着计算机的普及和国家对教育信息化的提倡，信息技术与基础学科的整合浪潮在我国逐渐兴起。传统的教学媒体，如黑板、教科书等承载信息的种类和能力十分有限，远远满足不了现代教学的需要。在这样的情况下，多媒体教室应运而生，为传统的课堂教学开辟了一个新的教学阵地。

## 一、简易多媒体环境教学设计基础

在没有网络的简易多媒体教室环境中，借助 PPT 课件可以将各种文字、图形、图表、声音等多媒体信息展示出来。与教材不同，它可以将许多抽象的东西形象化、平面的东西立体化，因此，它并非是知识的简单罗列。

### （一）多媒体教学环境分析

利用多媒体教室进行课堂教学，打破了传统教学的局限性，为教师提供了一个灵活自如的多媒体教学环境，为学生提供了一个舒适轻松的学习环境，给教学带来了新的活力。

借助多媒体课件开展计算机辅助教学是简易多媒体教室最主要的教学功能。通过发挥多媒体设备可以同时呈现文字、图片、声音、动画、视频等多种媒体信息的特点，将教学内容以图文并茂的形式呈现给学生，使教学更加生动、形象。利用视频展示台，可以将书本图文、立体实物、胶片媒体等通过投影屏幕展示给学生，进行实物投影教学。

在多媒体教室中，教师可以利用 VCD/DVD 机等设备，播放与教学内容有关的音像资料，通过投影屏幕展示给学生。利用话筒、功率放大器及音箱，使在教室内任意处的学生都能听清楚教师讲课和媒体播放的声音，可以保证教学信息的传递效果，支持教学规模的扩大，有助于提高教学效率。

### （二）多媒体教学方法选择

1. 讲授法

以教师讲、学生听为主的讲授式教学法，也称接受式教学，见图 6-1。接受式教学是课堂教学中使用最广泛的一种教学方法,是广大教师所熟悉和惯用的一种教学模式,也是简易多媒体环境下主要的课堂教学方式。由于信息技术的广泛参与和作用的发挥,这种方式得到了进一步的改进和提高。

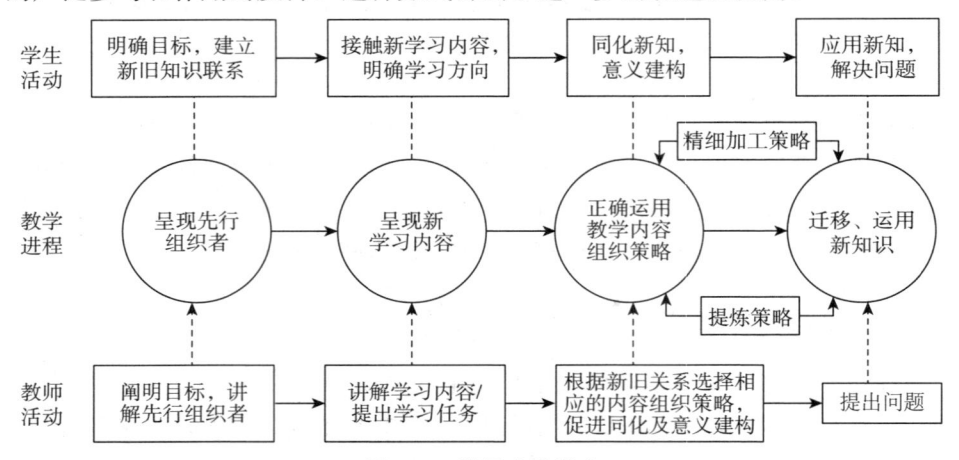

图 6-1 讲授式教学法

现代教学系统一般包括教师、学生、教学内容和教学媒体四个要素。与"粉笔+黑板"的普通课堂教学相比,简易多媒体环境中的教学在教学组织形式及教学信息的传递机制方面并没有本质变化,仍然是课堂集体讲授型教学。信息技术主要是作为知识演示工具来发挥作用的,是辅助教师突破重点难点的形象化教学工具,是教学内容的来源和途径之一,也是辅助学生理解和建构知识的重要手段。

2. 情境教学法

情境教学法要求教师在教学过程中引入教学目标,并进行有针对性的教学活动,创设积极的课堂教学环境,激发学生的学习兴趣,同时利用教材辅助学习知识。情景教学法利用学生的学习兴趣提高学生的学习成效。

第一,运用多媒体技术创设情境,激发学生的学习兴趣。教师应当针对教学情境进行深度研究,从细节方面捕捉情境教学重点,合理应用多媒体辅助教学,从而使课堂教学达到激发学生学习兴趣的目的。

第二,运用多媒体教学使情境凸显,突破教学重难点。教师在利用现代化技术进行教学的时候,需要创设出真实的教学环境,利用多媒体对教学内容进行美化,采用动静结合的方式激发学生的学习兴趣,为培养学生的创造能力打下基础。教师通过现代技术融合课堂教学的方式使课堂教学氛围更加生动,有利于学生直观地了解知识，使学生乐于参与其中，锻炼了学生的思维能力，使学生在轻松、自在的课堂氛围中主动学习。

第三，运用多媒体促进思维发展，启发学生的想象力。教师合理利用多媒体对课堂教学模式进行优化，基于声、像、图、文使课堂教学更加生动、形象，打破了学生对课堂教学的原有印象，使学生沉浸在学习的氛围中，为培养学生的想象力创造了适宜的环境。

第四，运用多媒体，培养学生的创造力。教师在进行课堂教学的时候可以通过多媒体培养学生的创造力。教师在应用多媒体进行课堂教学时，通常是将文字、图像、声音等信息结合起来进行教学，激发了学生的学习兴趣，使学生自主接收知识，提高了知识教学效率，拓展了课堂知识容量，营造出积极、主动的课堂学习氛围。

## 二、简易多媒体环境教学设计思路

### （一）多媒体环境教学设计要点

简易多媒体环境下的课堂教学设计仍然要遵循一般教学系统设计的过程和要求，在此前提下，为了实现更好的教学效果、效率和效益，还需要注意以下几个方面。

1. 学习者特征对于多媒体的适应性要求

不同层次学生的认知结构有很大的差别，在设计多媒体教学时，必须与学习者特征相适应，才能收到良好的预期效果，包括学习者的受教育水平、动机水平、原有知识结构和掌握计算机的水平等。

高职学生的思想日趋成熟，经过高中阶段的学习，学习习惯也较为稳定，喜欢形象直观的事物，思维活跃，喜欢动手操作，但理论基础较差，缺乏学习兴趣和学习积极性，尤其厌烦枯燥的理论知识，对自己的学习能力缺乏自信，空间思维能力较差，缺乏分析问题、解决问题的能力，并且学习时情绪化较强，喜欢动态展示，不喜欢静态研究。根据他们的具体特点，多媒体教学更有利于调动他们的学习积极性。

就学生能力的培养而言，必须重视学生对抽象概念的理解能力，促使学生可以在抽象的知识中理解事物的本质，激发学生的思维能力。此时，需要将形象化教学与抽象教学相结合，使学生从形象化教学中理解抽象知识，一味地进行抽象化教学将会喧宾夺主，达不到教学目标的要求。

2. 设计适合开展的教与学活动

教学活动是课堂教学过程的基本组成单位，由一个个相互联系、前后衔接的环节所构成。教与学的活动方式是否适合有效，直接决定了课堂教学的最终效果。归纳起来，适合在多媒体教室中开展的教与学活动主要有以下六类。

第一，教师讲解，学生接受。教师讲解或呈现教学内容，学生通过信息加工掌握知识。

第二，教师演示，学生观察。教师演示实物或者实物变化过程，学生通过观察建立直接经验，并归纳总结。

第三，教师提问，学生作答。教师根据教学内容提出问题，学生经过思考回答问题。

第四，教师引导，学生探究。教师不直接告诉学生要学习的知识，而是先提出问题，然后引导学生对具体例证进行观察、分析、抽象和概括，学生通过探索获得知识。

第五，教师示范，学生模仿。教师对动作或问题解决过程做出示范，学生通过模仿掌握技能。

第六，教师置境，学生体验。教师创设真实的情境，学生通过完成任务，从参与性的活动中获得情感体验，形成相关的态度与价值观。

## （二）多媒体环境教学设计原则

多媒体技术自引入课堂，就以其优越的教学功能吸引了广大教师的注意，更是在公开课、优评课上成为不可缺少的亮点之一。但在教学实践中，也出现了一些教师盲目追求高技术，多媒体课件中动画图片满天飞、用"电灌"代替"人灌"、忽视师生认知交互等问题。

1. 教学方式服务于教学目的——多媒体教学的发展性原则

应当重视教学方式与教学目的之间的关联，教学方式是为提升教学成效、实现教学目的而采取的必要手段。教学不仅要培养学生的学习能力，还要使学生的能力得到最大限度的发挥，对多媒体融入课堂教学起到了重要的辅助作用。

2. 多媒体画面语言要规范——多媒体教学的科学性原则

在课堂教学中融入多媒体技术是激发学生学习兴趣的关键，需要注意的是不能为了形式而形式，要深度探索课堂教学与多媒体技术的融合方式，从而科学地应用多媒体技术进行教学，做到在准确描述知识的同时营造轻松的课堂氛围。

**3. 现代与传统教学手段结合——多媒体教学的互补性原则**

课堂教学与多媒体技术的合理结合提高了教学成效，是传统教学模式所不能相比的，但是多媒体技术只是课堂教学的辅助技术，不能过度依赖多媒体技术。其他媒体在经过合理应用后也可以起到辅助教学的作用，因此，教师需要根据教学目标设计课堂教学，选用最适合学生学习的教学模式进行教学。

**4. 立足现实合理选择媒体——多媒体教学的经济性原则**

使用任何一种教学媒体来辅助教学都需要一定的成本，同时，价格高、复杂的媒体对课堂教学未必能起到很好的效用，总之，课堂教学必须立足于实际，从实际情况出发，充分发挥现有资源的价值。立足现实还包括要充分利用简单易得的现成教学资源，或根据教学需要对已有资源进行重新加工集成，避免低水平地重复开发，以便将更多的精力放在优化教学设计上。

**5. 多媒体利用要适时、适度——多媒体教学的必要性原则**

高职院校教师在利用多媒体进行教学的时候，需要注意合理使用多媒体，如果太过频繁地使用多媒体进行教学可能会起反作用，导致学生出现学习疲劳等现象。

### （三）多媒体环境教学设计注意事项

**1. 实现教学目标方面**

检查教学任务是否完成，教学目标是否达到，媒体的使用是否对学生的发展有促进作用。

**2. 学生活动开展方面**

学生是否有参与活动的机会，学生是否围绕老师利用多媒体环境提出的问题展开思考、讨论，是否将自己整理的信息进行合理地交流、表述。

**3. 多媒体使用时机方面**

无意注意是否转为有意注意，感性知识是否向理性知识升华，是否有由静到动的状态转换过程。

### 4. 多媒体使用有效性方面

是否有效帮助了教师的"教",是否促进了学生的"学"。

### 5. 媒体的使用方式

媒体使用是否和教与学始终保持同步进行,媒体使用配合是否流畅,教师—媒体—学生在空间的关系是否达成连接。

### 6. 媒体使用"度"的方面

是否只为节约时间使用;是否是为了不想板书使用;单纯用语言能描述清楚的是否还要使用媒体教学。在学生缺乏生活感知,缺乏直观经验积累的基础上使用媒体,可以发挥纽带的作用,帮助学生建立知识的表象,降低知识的难度,减少他们的认知负荷。

## 三、简易多媒体环境教学设计案例

### (一)案例引入

有着相当长教龄的老林老师是一名语文老师,尽管教学经验丰富,可近年来越发觉得学生不好教,一支粉笔洋洋洒洒写满黑板,但底下却甚少有人回应他。特别是在讲到一些诗词时,他讲得眉飞色舞,学生们却无法体会诗词中那些深远的意境,提不起兴趣。我们先来看看他在传统教室上过的一次《雨巷》的教学设计,见表6-1。

表6-1 《雨巷》教学设计案例

| 本次课标题:雨巷 ||||
|---|---|---|---|
| 训练任务 | 诗歌朗诵、意象分析 |||
| 教学目标 | 知识<br>1.通过反复朗读,加深对诗歌内容的把握<br>2.通过分析意象,强化对作者爱情观的理解 | 技能<br>通过通读、欣赏增强对诗歌的分析能力 | 态度<br>培养学生严谨的工作态度 |
| 教学重点 | 通读、意象分析、感情把握 | 教学难点 | 分析诗歌的意象及其象征意义 |
| 教学资源与工具 | 教材 |||

续表

| 教学步骤 | 教学设计 | 时间（分钟） |
| --- | --- | --- |
| 一、导入新课 | 文学作品中的美所呈现出的形式是多样的，不只是让人愉悦的东西才美，那些哀婉、凄美、伤感，能够深深打动人心的东西同样具有美的力量。今天，我们就来欣赏《雨巷》，从中体会诗歌给我们带来的美感 | 5 |
| 二、通读、整体感知 | 1. 集体朗读，初步感知诗歌的感情基调。<br>2. 请一学生单独朗读。<br>学生朗读，师生点评。<br>边读边思考：这首诗中，诗人用了哪些词语着意表现诗歌的这种凄美、感伤的基调 | 20 |
| 三、作者简介、创作背景 | 戴望舒介绍<br>《雨巷》写作年代及背景介绍 | 10 |
| 四、内容理解、意象和象征 | 研讨：<br>1. 《雨巷》是在这样的背景下创作的，原来诗人有着这样的情感和精力。因而，他会在诗歌里选取一些形象来传达自己的思想感情。这些凝聚着诗人情感的形象，我们称之为意象。下面我再请一位同学朗读这首诗，其他的同学找一找这首诗中作者描绘了哪些意象？<br>2. 丁香花、丁香一样的姑娘、油纸伞、雨巷等意象分析。<br>3. 作者想要表达的主题到底是什么 | 20 |
| 五、拓展 | 诗歌鉴赏就是欣赏着通过艺术想象进行再创造的过程。下面请同学们诵读舒婷的《致橡树》，要求弄懂橡树和木棉两个意象的含义 | 15 |
| 六、作业 | 结合诗歌，写一段文字。你可以假设自己是诗人，也可以假设自己是那位丁香一般的姑娘，也可以假设自己是《雨巷》中的一块青砖。总之体裁不限，大家可以充分发挥自己的想象力 | 5 |
| 七、课后小结 | 《雨巷》一诗中意象的概念十分重要。对诗的含义的理解，可能各不相同。通过朗读，可以让学生自己找到一种适合自己的解读，但是由于学生阅历、学识等方面的限制，他们对诗歌的把握有一定的难度，效果也不太尽如人意 | |

## （二）案例分析

富于音乐性是《雨巷》非常突出的艺术特色，诗中运用了复沓、叠句、重唱等手法，构成了回环往复的旋律和婉转悦耳的乐感。老林老师的这次课主要采用的朗读法也许可以让学生了解到诗词的音乐性，可是由于诗歌的写作年代与学生的生活有一定的距离，对于油纸伞、丁香、姑娘等隐喻性很强的意象，会受到阅读个体的生活经历和知识结构等诸多因素的限制，光靠朗读法无法使学生正确地解读诗歌的内容、恰当地把握诗歌的情感。借助多媒体环境，就可以创设一定的情境，引导学生对"雨巷"进行立体式的解读，让学生在不同的"诗歌语境"中，体会诗的情感和意境。

1. 信息化教学策略的选取

与传统教室不同，多媒体教室的优势在于可以借助各种视频、音频、图片等信息化资料为学生营造一个学习情境，让学生能有更直观的感受。

在《雨巷》的信息化教学设计中，可借助纯音乐、《雨巷》配乐朗诵视频、改编版流行歌曲《雨巷》等音视频，采用情境教学法和"歌词化教学法"，即创设一定的情境，引导学生对"雨巷"进行立体式的解读；同时基于诗与歌的天然关系，借鉴歌词的审美接受方式，引导学生由歌进入诗的艺术世界。由于《雨巷》本身就是一首入了乐的现代诗，《经典咏流传》的成功也证明了"和诗以歌"这种形式是受人欢迎的，因此只要抓住了学生对歌的亲和力这个特点，就可以重塑学生对诗的兴趣。

2. 信息化教学情境的创设

基于建构主义对学习进行深度研究，发现学习与对应社会背景具有紧密联系。情境是指由学生学习情感产生的客观环境，对处于学习情境中的学生具有一定的影响。基于建构主义理论，学生在一定情境下进行学习可以提高学生对知识的联想能力，从而使学生将已有的知识理论与新的知识理论融合起来。当学生在对新知识进行同化的时候，倘若不能顺利完成知识同化，就需要将知识进行改造、重组，以此适应和掌握新知识。情境对课堂教学起到重要的促进作用，学生个体和学生对知识的认知都可以在情境中进行交互、交流，从而提高学生的学习成效。

教师为了营造良好的教学环境，通常需要对课堂教学情境进行设计，优化传统教学模式的不足之处，针对教学目标提高学生的学习成效。学生在进行课堂学习时，通过教师创设的情境式课堂轻松愉快地进行学习，从而激发自身的创造力。教师在进行课堂教学时，合理利用信息技术打造教学情境，激发学生的学习兴趣，从而完成教学目标。信息化教学设计是基于信息技术和教学目标而成的设计方式，使教学氛围更加轻松，可以让学生一目了然地学习知识。教师对课堂教学进行情境创设包括语言、动作、图片和简单的实物等方面，基于此打造课堂的教学氛围，使学生在充满学习情境的课堂中将新知识与已有知识融合。就信息化教学设计而言，它比传统教学设计更符合信息化时代下学生的发展需求，通过将文本、图形图像、音频、动画、视频进行合理结合，为学生创设出生动、直观、形象的课堂教学环境。非线性的超文本和超媒体链接更符合人类的思维方式，能够表现思维的复杂性，提供丰富的信息源帮助学生分析问题、解决问题，引起学生持续探索的兴趣，从多角度对问题进行解释，完成知识的意义建构。在信息化教学设计中创设情境，能在教学中拨动学生的心弦，激起兴趣，激发联想，唤醒长时记忆中的有关知识、表象或经验，完成知识的"同化"和"顺应"。

### （三）案例实现

《雨巷》信息化教学设计见表6-2，教学方案见表6-3。

**表6-2　《雨巷》信息化教学设计**

| 授课地点 | | 多媒体教室 |
|---|---|---|
| 授课内容 | | 雨巷 |
| 授课对象 | | 商务英语专业一年级 |
| 教学目标 | 技能目标 | 培养学生在商务语境中跨文化的语言和交际能力 |
| | 知识目标 | 挖掘和把握诗歌主要意象的象征意义，品味诗歌中所包含的思想感情 |
| | 态度目标 | 感受诗歌的形式美、意境美和旋律美，使学生受到美的熏陶和感染，加强学生对中国传统文化的喜爱 |
| 教学重点 | | 感受诗歌的音乐美；掌握诗歌鉴赏的方法 |
| 教学难点 | | 分析诗歌的意象及其象征意义 |
| 训练项目 | | 诗歌朗诵、意象分析、赏析写作 |
| 课堂考核评价方法 | | 通过朗读、复述来检验学生的"听和读"；<br>通过回答问题、交流、评价来检验学生"说"；<br>通过写作赏析来检验学生"写" |
| 教学资源 | | 《雨巷》朗读视频、《雨巷》歌曲MV、《油纸伞制造过程》视频、《小城雨巷》舞蹈视频、PPT课件、《雨巷》乔榛的朗诵音频 |
| 作业 | | 将改编后的舞蹈版和歌曲版的《雨巷》与原诗进行对比，写一篇赏析 |
| 教学体会或小结 | | |

**表6-3　《雨巷》信息化教学方案**

| 时间分配 | 教学步骤 | 教学内容 | 教师活动 | 学生活动 | 信息化资源 |
|---|---|---|---|---|---|
| 5～8分钟 | 新课导入 | 将专业与教学内容相结合，创设工作情境，导入新课。 | 【提问】同学们，如果在以后工作中，你们公司跟外国客人成功地商洽好一笔业务后，老板要你负责客人的旅游行程安排时，你将如何做呢 | 设想未来商务接待工作情境；思考导游路线如何设置 | 商务英语工作情境图片 |

续表

| 时间分配 | 教学步骤 | 教学内容 | 教师活动 | 学生活动 | 信息化资源 |
|---|---|---|---|---|---|
| 15～18分钟 | （一）走进《雨巷》煽情激趣 | 阅读诗歌，通过看和听的方式来感知诗歌文本，并进行朗读训练；诗歌的音乐美就是来自对复沓叠句的运用 | 播放配有画面和音乐的《雨巷》诗歌朗诵视频。【讲授明确】1.复沓句式的妙用；2.词的重叠运用；3.押韵的位置错综变化，展示英文版《雨巷》 | 谈谈他们眼中的《雨巷》是怎么样的，为整体感知作品打下基础；并带着自己所体会到的感情将这首诗朗读一遍。在中英文的比较中感受诗歌的音乐性 | 《雨巷》朗诵视频；英文版《雨巷》 |
| 15～17分钟 | （二）彷徨《雨巷》吟唱顿悟 | 通过音乐进一步体味诗歌的含义，用唱的方式记住诗歌的同时体验音乐和诗歌的双重美感，领会这首诗的音乐美 | 组织学生倾听由歌手江涛演唱的在原诗基础上改编的歌曲《雨巷》，并提出开放性的思考题：改编后的歌曲与原诗有什么差异 | 感受音乐是如何拓展、衬托诗歌意境空间的，并体会歌词是如何配合音乐的 | 《雨巷》歌曲MV |
| 30～35分钟 | （三）感悟《雨巷》合作探究 | 分析诗歌意象，通过合作交流分析，加深对诗歌的理解，把握诗的中心形象和象征意义 | 【启发】诗歌中包含着怎样的情感和情绪？这种情感和情绪是从哪里来的？【引导】分析诗歌意象：油纸伞、雨巷、我、丁香、姑娘……由意象体验意境。分析诗中的"我"，诗中的"我"与作者在情感上是相通的，通过讨论"我"的形象、"我"为什么喜欢逢着一个忧愁的姑娘而不是欢快的姑娘等问题来把握作者情感。【讲授】同时穿插介绍诗人的写作背景，"现代派"诗歌的特点及象征主义的创作手法，来补充学生的需要 | 【思考】在上一环节的基础上，充分发挥想象力，展示表达能力、理解能力，大胆描测诗人的创作情况及情感，引导学生的积极思维。【讨论】围绕《雨巷》到底是进步青年在失望中渴求新的希望的心境的反映，还是仅是对一首单纯的恋爱诗进行讨论 | 《油纸伞制造过程》视频；各类意象图片，如丁香花、雨巷等 |

· 96 ·

续表

| 时间分配 | 教学步骤 | 教学内容 | 教师活动 | 学生活动 | 信息化资源 |
|---|---|---|---|---|---|
| 12～15分钟 | （四）走出雨巷，拓展延伸 | 《雨巷》表现的是美丽的忧伤，对当代中国艺术界有着很大的影响，多次被舞蹈界、戏剧界改编。通过展示不同形式的《雨巷》，加深学生对诗歌的印象和理解 | 组织学生观看舞蹈视频《小城雨巷》 | 在领略了音乐之美、情感之美和意境之美后，观看舞蹈版《雨巷》，发表自己的看法，自由评论 | 《小城雨巷》舞蹈视频 |
| 5分钟 | 小结 | 《雨巷》在断句中将纷繁的思绪连在一起，形成渴望、孤独、惆怅的诗境，同时象征着不确定性，给了我们最大的拓展空间。<br>商务英语专业的学生，更应多了解中华传统文化，才能更好地将优秀传统文化传播出去，更好地完成自己的工作 | | | |
| | 课后作业 | 要求学生将改编后的舞蹈版和歌曲版的《雨巷》与原诗进行对比，写一篇赏析 | | | |

在《雨巷》的信息化教学设计中，我们打破"先介绍作者、背景，再了解作品"的传统教法，创设了一个带领外国商务客人走访雨巷的情境，设计了"走进雨巷煽情激趣——彷徨雨巷吟唱顿悟——感悟雨巷合作探究——走出雨巷拓展延伸"这样一条旅游路线来作为四个层层递进的教学环节。

在"走进雨巷煽情激趣"环节：先要求学生闭上眼睛，欣赏纯音乐《雨巷》，欣赏时一定要发挥想象，提前进入雨巷的学习氛围。用音乐营造一种与诗歌相一致的气氛，可以拉近学生和文本的距离，调动学生的积极情感，为学生把握诗歌情感奠定了基础，同时带着想象去听一首曲子，也可以提升他们的想象力。

在"彷徨雨巷吟唱顿悟"环节：播放制作精美、配有画面和音乐的《雨巷》诗歌朗诵视频，让画面将人带进江南那条"悠长又寂寥的"雨巷。利用朗诵伴奏视频，让学生进行朗读练习。

在"感悟雨巷合作探究"环节：从诗歌意象入手，通过设置问题性情境，让学生进行合作探究来加深对诗歌的理解，以更好地把握诗的中心形象和象征意义。

在分析"油纸伞"这一意象时，我们可以利用视频——《油纸伞的制作过程》引导学生体会油纸伞的复古、怀旧、神秘、迷蒙的特点，同时也可以领略到中国传统艺术的魅力；在分析"雨巷"这一意象时，可以通过图片展示来让学生体会雨巷悠长、寂寥的特点；在分析"丁香花"这一意象时，可以通过展示古诗和图片引导学生体会其美丽、高洁、愁怨的特点。

在"走出雨巷拓展延伸"环节：为了使学生的感情得到升华，与诗歌达到共鸣，在领略了《雨巷》的音乐之美、情感之美和意境之美后，利用多媒体，播放舞蹈版《雨巷》，看完后让学生写一篇赏析，从而加深学生对诗歌语言的感受。

### 四、简易多媒体环境教学设计总结

教师通过情境创设法使学生沉浸在教学情境中，提高学生自主学习能力的同时加强了学生对知识的理解程度。信息化教学方式比传统教学方式的优势更多，可以打破时间、空间限制进行教学，还可以与情境创设法合理结合提高学生的学习成效。教师通过美妙的音乐、具体的文字和展示的图像进行情境创设，激发学生对知识的感知力，引起学生共鸣，使学生在轻松、愉快的氛围中学习。以下是情境教学的四点注意事项。

第一，教学情境创设必须以教学目标、教学内容为基础。在进行教学情境创设的时候，需要对可学内容进行有针对性的情境设计，使教学情境的创设可以满足教学目标的需求；情境创设需要注重其中的趣味性，这样才能更好地引发学生的共鸣感，顺利调动学生的学习积极性，培养学生的思维能力。

第二，教学情境创设应当是学生可以理解的情境设计。

第三，就情境创设中的知识点而言，需要进行优化，可以通过将其转化成问题的方式对学生进行提问，从而引导学生自主探寻知识点。

第四，教学情境创设中学习环境最为重要，好的学习环境可以激发学生的学习兴趣，也能使学习过程更加轻松愉快，陶冶情操，从而促进学生智力的开发；教师在进行教学的时候必须充分发挥指导作用，调动学生的学习积极性。

总之，创设教学情境的方法不止这些，要求教师必须不断提升个体教学设计能力，从而使情境教学设计更好地与课堂教学融合；教师应当主动在教学中担任辅助职位，调动学生的学习兴趣，培养学生的自主学习能力，使学生真正热爱学习、善于学习。

## 第二节　基于网络环境的教学路径设计

改造简易的多媒体环境，建立网络多媒体环境，是信息化时代下教育教学发展的重要需求。高职院校信息化教育教学建设应当如何下手是当前面临的重要问题，同时，高职院校教师还需不断思考网络多媒体环境融入课堂教学的方式、理论。网络多媒体环境的教学优势较为明显，主要是以新型教学模式实施教学，提高了学生之间的互动性，实现了学生与教师之间的多向交流。总之，基于合理利用多媒体环境优化课堂教学结构可以激发学生的学习兴趣，提高教师的教学成效。

### 一、网络多媒体教学设计基础

在网络多媒体环境中，可以实现多媒体教室的所有功能，如进行讲授式授课、为学生提供具有多媒体特征的教学内容等。此外，借助网络的连通功能和资源共享功能，可以为学生提供更好的合作与交流途径，从而为实现学生自主学习、合作学习、探究学习构建良好的支撑环境。

技术是网络多媒体环境构建知识的工具，可以提供交流、媒体组成、课程仿真和建模等功能。在这种教学环境下，学生获取知识的方式发生了转变，由原来被动获取知识的方式转为自主获取，提高了学生学习的自主性、互动性。学生在对问题进行深度分析的时候，可以通过与其他同学交流互动得出答案，深化了学生的学习能力。

#### （一）网络多媒体教学环境分析

网络多媒体环境是建立在局域网基础上的一种多媒体学习环境，最典型的网络多媒体环境是网络多媒体教室。与多媒体教室相比，在网络多媒体教室上课的学生都会拥有一台计算机。网络多媒体教室通过现代化信息技术优化了课堂教学成效，使原本枯燥的课堂转变为集聚声音、图像、影视和动画的多元化课堂，同时教师合理利用计算机技术促进了师生之间的沟通交流，提高了学生的教学参与意识，从而进一步提高教学成效。现代化技术的快速发展给高职院校教育教学的发展带来了新机遇，重视计算机网络多媒体教室建设，使高职院校教育教学发展符合信息化教学环境，丰富了教学模式。需要注意的是高职院校应当将教师机与学生机分开，并将教师机上的教学信息同步播放到全体学生机上，便于教师对教学内容和操作方式进行讲解与演示。

（1）电子举手。学生可通过学生机向教师机发出信号，进行提问。

（2）个别辅导答疑。指教师可以通过教师机控制并查看任一学生机屏幕，并对学生进行辅导答疑。

（3）小组讨论。教师可以划定任一部分学生为一组，可以自由讨论某一话题但不得影响其他组。

（4）语音对话。教师和学生可以通过麦克风、耳机进行双向对讲、分组对话讨论等。

（5）监控管理。教师机可以看到教室中任一学生机的当前操作，检查学生的学习情况，并可以随时开启/关闭学生机或学生机的某一工作程序。

（6）屏幕录制与回放。教师或学生可以自主录制讲课时屏幕演示的内容，并根据需要随时进行回放，方便学生学习。

（7）自主练习和网络共享。学生可以自由操作计算机，并利用网络开展自主学习。还可以将练习结果提交或共享，以便最大限度地利用教学资源。

**（二）网络多媒体教学方法选择**

网络多媒体环境下的教学模式和各种教学活动是以建构主义学习理论为指导，并在由计算机技术和网络技术组成的教学环境中开展的，有助于培养学生的自主学习能力、协作学习能力和信息素养能力，将传统的教学环境转换为师生沟通、互动的新式教学环境，提高了学生对知识的探索能力和理解能力。网络多媒体环境下的教学模式促进了师生之间的沟通和交流，优化了传统教学模式的不足之处。基于网络技术为探究教学模式带来了极大的便利和优势，从根本上调动了学生的学习积极性，培养了学生的自主学习能力，使课堂教学更加生动、有趣。

基于网络多媒体环境可以打造出交互式的课堂教学氛围，使学生与多媒体之间产生联系，实现了教师与学生、学生与学生之间的多向交流。教师合理利用多媒体教学可以优化课堂教学结构。传统的课堂教学模式通常是先讲后练、先练后讲，这种讲练分离的教学模式不利于学生学习一些操作性、实践性强的课程，多媒体技术的普及使学生在面对强操作性、实践性的课程的时候可以更好地学习，基于讲解演示、练习操作、辅导小结相结合的多媒体教学环境深度体现了学生为主、教师为辅的教学原则。

**（三）基于多媒体环境的探究型教学**

探究型教学优化了传统教学模式，坚持以学生为主的原则进行教学，将传统的老师讲、学生听的模式转换为老师指导、学生进行知识构建的教学模式，提高了学生与学生之间的互动效率，使学生可以对知识进行充分的表达和探讨。教师在多媒体环境下教学的时候，通常组织学生以小组讨论的方式进行知识探讨，以此使学生在讨论中可以充分发挥自己的能力。多媒体教学环境的发展有助于学生加强掌握科学技术的能力，同时发现事物的本质，让学生成为更好的调研者。以下是探究型教学模式的教学过程。

1. 确定探究目标

确定探究目标是教师在教学前需要考虑的问题。需要注意的是教师在就探究目标进行分析的时候，必须要将学生学习情况、教学内容融入进去，在此基础上进行分析。教师必须对将要探究的内容给予更多重视，选取必要的重点内容进行研究，同时，需要依据学生的学习情况、能力培养等问题进行选取，这样才能使课堂教学内容符合学生发展需求。教师在确定探究目标的时候，需要结合学生的学习特点，还要充分利用多媒体教学环境的优势，从而充分发挥课堂教学的价值。

2. 创设问题情境，提出问题

教师通过情境创设引出问题可以启发学生思维，激发学生的学习兴趣，同时还可以使学生更直接地学习、掌握学习目标，为培养学生自主学习打下基础。在情境式课堂教学上，教师会通过合适的方式将教学目标传达给学生，使学生对学习目标有具体的认知，提高了学生的学习积极性。教师在进行情境教学设计时，必须严格遵循条理清晰、内容简洁的设计规则，再通过新颖的方式将问题呈现出来，激发学生学习兴趣的同时提高学生的学习成效。

3. 分析问题

教师在进行情境教学的时候，需要辅助学生完成问题分析，同时，学生分析问题是探究型教学的重要组成部分，可以直接判定学生的学习情况是否达到教学目标。探究型教学主要通过过程实现教学目标，以学生为主进行教学，是一个提高学生学习能力、实践能力和创新能力的过程。

4. 解决问题，得出结论

教师一边教学一边指导学生进行知识探索，提升学生对知识的理解能力和建构能力。不同的学生对知识的理解是不同的，他们也都有适合自己的学习方式，这就要求教师必须注重对学生综合能力的培养，促进学生与学生、学生与教师之间的沟通、交流，使学生从中发现个体的不足之处，不断完善个体能力。

5. 反思评价

针对教师教学和学生学习可以进行相应的反思和评价。教师对自身教学过程进行反思可以提高教学能力，学生对自身学习过程进行反思可以提高学习能力，教师可以根据实际情况进行对应指导，以此提高教学成效。教师还需要对学生的学习行为进行评价，好的学习行为应当给予适度表扬，以此激发学生的学习动力。学生对自身学习情况进行评价可以找出自身学习的不足之处，并逐渐自我完善，树立自主学习和自我提升的学习态度和精神。

## 二、网络多媒体教学设计思路

### （一）网络多媒体教学设计要点

将网络多媒体技术与探究型教学设计合理结合，是在常规教学设计的基础上进行的，主要包括设计学习任务、设计网络学习环境、组织与安排学习活动以及设计学习评价方案等四个方面内容。

1. 设计学习任务

教师在网络多媒体环境下教学的时候，通过任务驱动方式提高学生学习能力、自主能力、合作能力和探究能力，提高学习成效，同时使学生形成正确的学习观念和学习态度。学习任务的具体表现形式可以是解决问题、设计项目方案等多种形式。

（1）学习任务的来源

学生学习任务主要来源于已有教材、课程的再开发和真实生活。

（2）确定学习目标

基于课程标准，教师必须通过对学生学习任务与学习内容的探究确定教学内容，以及结合学生学习完教学内容后应当掌握的知识、技能和价值观等确立学习目标。学生学习目标的确立是基于整个学习单元而成，具有整体性特点，并具有一定的层次和弹性空间。

（3）设计学习任务的注意事项

教师在设计学习任务的时候，应当注重学生生活与学习的关联性，使学生将知识归于生活中，在实践中掌握知识，培养学生的探究能力。教师安排给学生的任务应当具有一定的开放性和层次性，使学生可以就知识进行互动、探索，从而激发学生的学习兴趣。教师应当将学习任务与学习目标关联起来，使学生用自己已经掌握的知识进行问题解答，锻炼学生对知识的应用能力。教师还需合理设计学习任务的难度，使学生既能通过探究解决问题，也能提高学生与学生之间的合作、互动频率。

**2. 设计网络学习环境**

教师应当重视学生的学习活动，可以通过结合网络技术营造课堂学习环境，提高学生的学习效率。基于网络技术的学习环境主要包括组织与提供学习资源、设计学习工具和选择协作交流平台三个部分。

（1）组织与提供学习资源

教师需要在教学前收集相关学习资源，同时确保学习资源与教学目标相符合，在此基础上收集丰富的学习资源，并在教学过程中适当应用，可以拓宽学生对知识的了解范围。需要注意的是，教师必须按照知识结构组织学习资源，这样可以使学生快速搜索到想要学习的知识点，从而更好地对知识进行构建。

（2）设计学习工具

学习工具是可以帮助学生获取知识的工具，可以为学生的学习过程提供辅助和帮助，使学生可以正确掌握知识。学习工具包括效能工具和认知工具。例如，教师在使用网络技术进行教学的时候，网络技术就是可以辅助教师教学的工具。

（3）选择协作交流平台

协作交流平台包括学生作品上传平台和交流平台。教师在利用多媒体进行网络教学的时候，与学生的沟通方式除了语言交流，还可以通过"网络电子教室"软件的特殊功能，在需要时与同学或教师进行"悄悄"的对话。教师则可以利用"网络电子教室"软件的监控功能，随时了解学生的学习进展情况，并对需要帮助的学生提供个别化指导。

此外，教师也可以组织学生通过电子邮件、电子会议系统、班级群等多种方式进行意见交换，思考解决问题的方法和策略，从而提高交流的广度和深度。

3．组织与安排学习活动

网络技术与探究型教学相结合的教学模式具有很强的灵活性和不确定性，因此，教师需要对教学内容进行合理规划，这是使课堂教学成效达到教学目标的关键。基于教学目标，教师需要根据学生的学习情况设计教学内容。

教师在对课堂教学进行设计的时候，也会有一些学生自主探究的活动，这些活动需要教师提前做好指导策略，既能使学生在学习时充分发挥个体能力，也能使教师更好地管理学生。

还有一些是需要学生与学生之间进行合作、探究的课程，这就要求教师必须重视学生的合作情况，并且教学前需要对教学过程进行设计。教师在对学生进行分组时，必须控制好每组的人数，以此更好地处理合作小组结构中的地位、角色、规范和权威四要素的关系，同时对学生进行合作学习的活动方案指导等，使学生在轻松、愉悦的氛围中学习。

4．设计学习评价方案

（1）评价学习过程

教师必须对学生的学习过程进行评价，可以借助智能型网络学习平台进行查看，同时还可以对学生的学习情况和参与度进行跟踪。例如，教师可以在网络上查看发帖次数和回复等，从而评价学生的学习态度，查看学生的学习成效等。此外，教师还可以通过建立电子档案袋对学生的学习情况进行记录性评价。

（2）评价学习结果

教师在对学生进行信息化教学的时候，可以通过相应的方式对学生的学习情况进行评价。在网络多媒体环境中，教师也可以考虑借助计算机辅助测验的方式，提高形成性评价的效率和效果。

## （二）网络多媒体教学设计原则

在网络多媒体环境下开展教学活动时，由于教学环境发生了很大的变化，在进行教学设计时，通过分析教学环境的特点可知，需要遵循的教学设计原则有以下六点。

1．主体性原则

在教学中尊重和发展学生的主体意识和主动精神，始终把学生视作学习的主人，变"要我学"为"我要学""我爱学""我善学"。强调教师指导的转化作用，充分利用网络多媒体环境便于学生自主学习的特点，突出学生在教育教学过程中的主体地位和能动作用。

2．创新性原则

强调发展学生的想象力，对于"偏才""怪才"营造宽松的教育环境，给予相应的特殊政策，提高学生的求知欲和创造能力。

3．发展性原则

根据现代教育理论，教学任务不再是单纯传授知识，而是完成教育、教学和发展这三个方面的任务。在新世纪的学习化社会中，唯有具备终身学习能力和自主发展能力的人，才能适应社会并创造未来。探究型教学模式以促进学生各方面的发展，特别是思维能力的发展为出发点，不仅让学生"学会"，而且要让学生"会学"；不仅传授学生知识，还给出学生打开知识宝库的钥匙，使学生学会学习，学会发展。

4．能力培养原则

培养学生收集、处理、发布信息的能力；培养学生社会实践和积极动手的能力；培养学生获取新知识的能力；提高学生的语言表达能力；培养学生创新思维的能力；培养学生团结协作的能力。

5．合作性原则

合作意识与合作能力要在学习中培养。建立学习合作小组，创设合作式学习的情境，切实为学生养成合作意识与发展协作能力搭建舞台，给学生提供互相交流、共同切磋的机会。

6．开放性原则

在开放的学习环境中，学习者的学习过程经过了教师的良好设计，体现了一定的教学策略。在某种程度上，它受制于教师的引导，这样也就避免了在网络多媒体环境中学习时，过分偏离于教学目标的失控状态，提高了学习的效率。学生以积极的态度，在一个开放的学习环境中，去进行一种主动的、多元的学习。

在教育理论的指导下，结合探究教学模式的一般过程和网络多媒体环境的特点，并遵照其教学设计原则，可以构建出应用于网络多媒体环境中的探究教学模式。它是在网络多媒体环境下开展的,在教师的指导下,学生积极主动地探究实质,把握知识要点,开展以学生自主探究为主线的探究型教学模式。

具体做法是:在教师的指导下,充分利用网络多媒体环境的功能和课程的有机整合,让学生自己观察、思考、上网查询来发现知识;通过网络多媒体环境提供的各项技术,创造性地应用各种工具加以设计、制作作品,展示探究的结果,构建相应的认知结构。

## 三、网络多媒体教学设计案例

### (一)网络多媒体教学案例引入

小林老师是应用文写作教师,每次上课她都会详细地跟学生讲解文体的相关知识,展示案例,可每次一到学生写作,学生总是半天写不出一个字,而且最后交的作业质量也不高。她很着急,不知道怎么提高学生的写作兴趣和写作质量。我们先来看看她的《广告策划书》设计方案,见表6-4。

表6-4 《广告策划书》设计方案

| 课题:广告策划书 ||
|---|---|
| 课业内容 | 知识目标:掌握广告的定义、特点,广告策划的作用、原则,熟悉策划的呈现和基本内容,熟悉广告策划书的格式和内容。<br>能力目标:具备对策划书优劣的分析能力,模拟创作简单广告策划书的能力 |
| 教学重难点 | 重点:广告的基本知识;广告策划书的分析和书写<br>难点:广告策划的内容和程序、广告策划书的分析和书写 |
| 案例导入 | 提问:平时购物,一般通过什么途径来熟悉产品?<br>(学生讨论,引出"广告")<br>让学生聊聊自己熟悉的几个广告。<br>(播放可口可乐系列广告的视频)<br>可口可乐的成功主要依赖它的营销策略和广告创意。让学生看完广告视频后总结该系列广告的策划思路大概是怎样的,由此引出本课的内容 |
| 写作知识讲解 | 1. 教师讲解广告的含义与特点,并播放正反面的广告案例进行分析;<br>2. 讲解广告策划的相关知识:策划的定义和作用;策划的程序和内容 |
| 写作实施 | 1. 教师讲解广告策划书的基本格式,展示范文,引导学生进行分析。<br>2. 播放某产品的新品发布会视频,要求学生根据范文和教师所讲为该产品写作一份广告策划书 |
| 作业 | 课后继续完成一份完整的广告策划书 |
| 课后小结 | 为了提高学生的写作兴趣,播放了大量的广告视频,学生刚开始兴趣较高,但是写作的时候仍然写不出来,需要改进 |

### （二）网络多媒体教学案例分析

传统写作教学模式的优势在于能充分发挥教师的主导作用，通过教师—学生的直接对话，教师可以密切关注到学生的学习情绪，适时地调整教学节奏，学生在教师的安排下按部就班地完成教学内容。学生能在短时间内接收到大量信息，由此可以培养学生的抽象思维。这种模式对教师的要求比较高，需要教师有很强的魅力，能长时间地吸引学生的注意力，且讲解生动形象，不然学生在被动接受知识时很难长时间地专注下去，加上职业院校的学生写作基础差，对应用文写作提不起兴趣，到最后常常出现玩手机、打瞌睡等现象，从而使课堂真正成了以教师为主体的一言堂。

传统的应用文写作课常常是按照文体常识介绍—文体概念及种类—文体格式与写法—讲解例文—学生写作这样的模式进行。这种以教师讲、学生听为主的传统讲授型教学，也称接受式教学，写作教师在教学过程中往往惯用这种教学方法。在这种教学模式中，教师是教学的主体，学生通过教师所呈现的材料来完成知识的学习，教师则利用教材、"粉笔+黑板"等工具来辅助教学，即使有多媒体，也只是简单地展示知识内容，并不是真正意义上的信息化教学。

（1）教学活动以学生为主

信息化教学模式强调改变传统的"以教师为主"，要求以"学生为主"，突出教学活动中学生的主动性，变单纯的接受式学习为体验式、探究式学习，培养学生自己动手解决问题的能力，在建构中完成知识的习得。广告策划书写作课中，教师根据学生的个性化需求，通过设置小组任务来引导学生主动参与课堂活动，在小组合作的过程中去发挥个人的主观能动性和创造性。教师的教学方式因为有了网络多媒体教室强大功能的支持而更为方便、多样，学生学习也不再依赖于教师的教授与课本的学习，而是利用信息技术平台和数字化资源，通过对资源的收集、探究、发现、创造、展示等方式进行自主学习，从而增强了学生学习的信心，有利于学生保持学习的兴趣。更能全面、有效地调动学生学习的主动性和积极性，促进学生学习动机的形成，有效地提高了学习效率。

（2）教学情境更生动形象

在以往的广告策划书写作课，学生常常因"巧妇难为无米之炊"而头疼，教材上一般的写作素材无法引起他们的共鸣，没有写作的欲望。多媒体技术的出现为教学手段的改进提供了新的机会，尤其是在倡导探究型教学的今天，更将成为推进实施该教学方法的一个有力工具。网络多媒体教室为学生提供了这样的技术支持，同时发挥探究型教学活动本身所具有的特点，在网络多媒体教室中实施探究型教学时有效地影响和提高了学生的学习兴趣，激发了学生的内在学习动力，充分调动了学生学习的积极性，为指导学生开展具有一定深度、广度的学习、勇于探索科学知识提供了必要条件，学生利用电脑查找资源更方便，更容易获得写作时需要的素材。

（3）考核评价更加科学

传统的写作教学更注重终极评价，课堂上教师大部分的时间都在讲解写作知识，而将写作放在了课后，对于学生是否掌握，教师只能凭作业和最后的考试来进行评估，至于学生的作业是抄袭还是原创则很少能了解。在信息化教学模式下，学生在课内完成写作，教师有机会了解学生的写作情况，从而能及时给予指导和帮助，也更能客观地从学生的写作态度等方面进行综合评价。

### （三）网络多媒体教学案例实现

表 6-5 《设计摘要》设计方案

| 设计摘要 ||||||
|---|---|---|---|---|---|
| 教学题目 | | 广告策划书 ||||
| 课程 | 应用文写作 | 学时安排 | 4课时 | 专业 | 市场营销 |
| 所选教材 | 《应用写作》 |||||
| 一、学习目标与内容 ||||||
| 1.学习目标 ||||||
| 知识目标：（1）掌握广告的基本知识；<br>（2）了解广告策划书的书写内容和格式；<br>（3）明确广告策划的内容和程序。<br>技能目标：（1）培养学生的语言文字表达能力；<br>（2）能结合营销知识，并合理利用网络等各种资源进行广告策划书的撰写。<br>态度目标：（1）培养学生的组织能力、沟通能力、动手能力；<br>（2）培养学生的团队协作、敬业奉献、抗挫折能力；<br>（3）培养学生严谨的职业态度 ||||||

续表

| 设计摘要 |||||
|---|---|---|---|---|
| 教学题目 | 广告策划书 ||||
| 课程 | 应用文写作 | 学时安排 | 4课时 | 专业 | 市场营销 |
| 所选教材 | 《应用写作》 ||||

2. 学习重点及难点

教学重点：（1）了解广告的基本知识；
　　　　　（2）明确广告策划书的程序。
教学难点：整合营销概念，针对具体实例制定一套完整的广告策划书

二、学习环境选择与学习资源设计

1. 学习环境选择

| （1）多媒体机房 | （2）因特网 | （3）其他 |
|---|---|---|

2. 学习资源类型

| （1）课件 | （2）微课视频 | （3）专题学习网站 |
|---|---|---|
| （4）多媒体资源库 | （5）案例库 | （6）网络课程 |
| （7）其他 |||

3. 学习资源内容简要说明（说明名称、主要内容）

（1）参考教材：《财经应用文写作》；
（2）世界大学空间课程资源；
（3）营销策划资源专业参考网站

三、学习活动组织

| 教学步骤 | 教师活动 | 学生活动 | 信息技术使用 |
|---|---|---|---|
| 导入 | （1）播放可口可乐系列广告，通过视频创设情境，带领学生进入广告的世界。<br>（2）展示策划文本案例，检查学生课前自学情况，重点要求学生掌握广告策划书的规格 | 观看广告视频，利用专业知识对广告策划思路进行讨论 | 可口可乐广告视频、教学课件 |
| 小组讨论 | （1）通过教师机给学生发布任务单，按照分组，给每个小组提供一个广告策划选题。要求各小组按照专业广告策划团队进行分工，分别担任策划经理、市场调研、策划、创意等角色。<br>（2）教师根据学生的学习情况和主要问题，对重难点进行反馈和点拨 | （1）借助资源自主学习，了解广告策划书的结构和内容，各小组按照分工搜集资料。<br>（2）在探讨过程中遇到问题可以利用电子拒绝功能向教师发出求助信号，也可以在群里讨论或发到论坛中 | 营销策划资源专业参考网站；<br>市场营销策划课程资源 |

续表

| 三、学习活动组织 |||||
|---|---|---|---|---|
| 教学步骤 || 教师活动 | 学生活动 | 信息技术使用 |
| 写作实施 || （1）指导学生写作。<br>（2）初稿回收后，教师提出修改意见。<br>（3）指导互评 | （1）各组长根据小组成员资料整理情况，组织完成策划书写作。<br>（2）广告策划书初稿完成后发送给教师，得到反馈后团队进行修改。<br>（3）定稿后，策划团队将自己的成果发布在班级群中，各小组互评 | 互联网、QQ 群组、电子邮箱 |
| 四、学习活动组织 |||||
| 课堂学习 | 任务拓展 | （1）要求各小组根据自己的广告策划书进行展示和讲解。<br>（2）教师对每组的成果进行点评，对各小组在写作过程中容易出现的错误进行重点提醒，巩固知识 | （1）汇报策划书内容。<br>（2）对各组成果进行评比，通过投票评选出最佳活动策划奖、最佳人气奖、最佳团队奖等奖项 | 多媒体 |
| 教学小结与体会 || 本次内容的学习运用信息技术，通过适当的情境创设，调动学生的学习兴趣，使学生的探究活动贯穿始终。<br>预期达到如下教学效果：学生通过参与教学过程，体验广告的制作，激发学生的学习热情；学会广告策划书的写作，为以后就业打好基础；提升自主探究与团结合作的能力 |||

## 四、网络多媒体教学设计总结

网络多媒体环境为实施探究型教学模式提供了充分的技术支持，能够显著提升学生的学习兴趣、自主探究学习的能力，培养和提高了学生的创造力和想象力，还有效地提升了学生的其他综合能力。在设计时要注意以下四点。

第一，探究问题设置要精心。在网络多媒体环境实施探究型教学模式首要的环节就是确定探究问题的设置，即确定探究目标。为了准确客观地确定出探究目标，在此之前，教师一定要对自己的信息技术水平作出公正的评价，对于不熟悉的知识和技能，通过培训或与他人合作交流来学习掌握。对学生进行调查，了解学生信息技术的水平，以便于在确定探究教学目标时能够使学生用已有的知识和技能最终完成探究结果并展示作品。总之，探究的目标要方便教师操作，且学生通过一定程度的自主探究和交流协作就能够完成。

第二，教师角色要转换。在网络多媒体环境中，教师和学生的地位与传统教学相比将发生很大改观，学生将成为信息加工的主体，成为意义的主动建构者；教师将从传统的知识传授者与灌输者的角色转变为学习者的辅导、帮助、促进者，学习资源的设计、提供者，促进学生成为学习过程中的督导者，群体的协作者，学生的学术顾问等角色，而且是终身学习理念的追随者。

虽然在网络多媒体环境下教师的地位和角色发生了转变，由教师中心转变为学生中心，教师的作用变为以辅导、辅助为主，但这并不意味着教师角色不重要了，教师在教学中的作用降低了。相反，为了促进学生对所学知识的意义建构，为了辅助完成网络多媒体环境中以学生为中心的探究学习，同时能满足不同学生不同的学习帮助需要，要求教师课下所做的工作更多，对教师能力的要求更高。教师不仅要精通教学内容，更要熟悉所有学生，掌握不同学生的认知规律，充分利用各种学习资源对学生的学习给予宏观的引导与具体的帮助。因此，教师的新角色较之以往传统的知识讲演者的角色从深层次的作用上看更为重要。

第三，学生实践要放手。在网络多媒体环境中的探究教学，教师的讲授被弱化，学生自主探究学习和学生之间的合作被加强，这两点鲜明地展示了一个以建构主义为主导的课堂。

老师和学生一样面临着如何使用各种技术的问题。作为教学经验丰富的教师，他们熟悉课程、课堂管理以及学习方法，但教师所了解的计算机、网络等技术知识并不比学生多，经过一段时间的适应后，一些学生会逐步成为计算机应用、软件、硬件或网络方面的专家。一些学生掌握的技术或许比老师多，也超过了其他同学，学生的角色也由此发生了一些变化。学生之间的交流协作变得更为自然和频繁，并且自发地形成了网络多媒体环境里的学生专家，学生辅导员。

教师要适应这一变化，要鼓励学生大胆实践，并善于利用学生自发的互助活动，采取聘请"学生辅导员"等方式，鼓励最先完成练习或最先掌握技术的同学负责向其他同学演示或辅导，从而使学习的效率得到提升，也让老师的辅导工作大量减轻，同时激发了学生探究学习的热情。

第四，组织和管理课堂要合理。在研究与课堂教学相关的问题时，课堂的组织和管理是无法避免的。分析调查数据可知，当在老师的有效监督下开展探究教学时，学生能够克制网络诱惑不去查询与学习无关的知识的比例非常高。

因此，教师对课堂的组织和管理对网络多媒体环境中探究型教学模式得以顺利实施起着至关重要的作用。

在网络多媒体环境中开展探究教学工作的教师，尽管是很有经验的，但是这种经验在管理基于网络多媒体环境的课堂时并不一定能获得期望的教学效果，甚至可能根本不起作用。因此，教师需要在实践中总结适合网络多媒体环境的新经验。在一个充斥着技术的课堂，教师要逐步学会使用技术来组织课堂教学和管理课堂，要善于利用学生对技术的兴趣，让学生在教师的指导下自主管理课堂，学会利用环境的特点，合理利用资源，从而达到有效管理课堂的目的。

## 第三节　基于交互式多媒体环境的教学路径设计

技术的发展不断为课堂教学注入新的活力，在多媒体教学环境的基础上增加了交互式电子白板、触控一体机等，构成了资源丰富的交互式多媒体环境，不仅能够实现简易多媒体环境的教学功能，其交互性的特点为教学创造出了更为丰富的可能性。

充分利用交互式多媒体环境的通用功能和强大的交互性，促进人机交互、师生交互、生生交互、人与环境交互，从而提高学生的学习兴趣，增强课堂教学的多样性，实现环境与教学实践的融合并推动创新。

### 一、交互式多媒体环境教学设计基础

随着计算机技术的发展，计算机功能越来越强大，灵活性增强，使得人们对计算机辅助教学产生了极大的兴趣。建构主义理论的出现，为学习者建构有意义的学习环境成为人们关注的新视角。这些因素使得交互式多媒体环境成为人们关注的焦点。

#### （一）交互式多媒体环境教学环境分析

1. 交互式多媒体

何为交互式多媒体？交互式多媒体（interactive multimedia）是在传统媒体

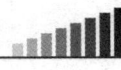

的基础上加入了交互功能，通过交互行为并以多种感官来呈现信息，学习者不仅可以看到、听到、触摸到、感觉到、闻到，甚至还可以与之相互交流。

2. 交互式多媒体环境

交互式多媒体环境是以多媒体技术为核心，采用多种信息传输手段，比如文本、静态图形、动画、视频、音频等，充分调动学习者的多种感官，通过学习者之间、学习者与学习环境之间的交互，使他们在观察、理解、认识的基础上获取知识，从而掌握事物的本质，是进行自主探索、形象化理解各种知识与技能的有效的认知工具。交互式多媒体环境主要由交互式电子白板或者交互式一体机构成，它以计算机技术为基础，将传统的黑板和现代多媒体技术有效融合在一起，具有使用方便、功能多样等优点，集触摸互动、即时信息共享和团队协作功能等于一体，目前正广泛应用于各类学校教育，成为信息化教育教学改革的新热点。

3. 行业标准的确立

随着交互式电子板或液体显示一体机、交互式智能平板等在课堂的应用日益普及，教育部颁布的《交互式电子白板》《交互式电子白板教学功能》等一系列行业标准的确立，为当下多元参与的教育信息化领域，进一步明确了功能定位、权利责任，也指向了教育管理信息化和教育治理现代化的更好的未来。

（二）交互式多媒体环境教学模式选择

有些研究者认为不同媒体的交互性能不同，媒体的交互功能直接决定远程教育中交互的质量。而有些研究者认为，高质量的交互与使用的媒体没有直接的关系，教学设计和教学实施比媒体的特性更重要。在交互式多媒体环境的教学中，教师可以运用多种有效合理的教学方法，如案例教学、项目教学、教师引导等，重点是要突出教师的主导性，要充分发挥教师对学生学习的引导作用，例如通过各种交互活动引导，随时关注学生的学习状态和进程。

案例教学：案例教学法起源于 20 世纪 20 年代，由美国哈佛商学院（Harvard Business School）所倡导，是一种以案例为基础的教学法（Case-based teaching），案例本质上是提出一种教育的两难情境，没有特定的解决之道。教师在教学中扮演着设计者和激励者的角色，鼓励学生积极参与讨论、独立思考，引导学生变注重知识为注重能力，重视教师与学生的双向交流，对教师也提出了更高的要求。

项目教学：项目教学法是一种在教师指导下的、以学生为中心的教学模式。在这种模式中，学生是信息加工的主体，而不是外部刺激的被动接受者和被灌输的对象；教师是学生学习过程中的帮助者和促进者，而不是知识的传授者和灌输者。在教学设计时，要考虑如何体现学生在学习过程中的主体作用。如何充分利用情境、协作、会话等学习环境要素，充分发挥学生的主动性、积极性和创新精神，激发学生的学习兴趣和学习动机；如何创设符合教学内容的情境，提示新旧知识之间联系的线索，组织协作学习，提出适当的问题以引起学生的思考和讨论；如何在讨论中把问题一步步引向深入，启发学生自己发现规律、自己纠正错误的认识等。项目教学法突出的特征是"以项目为主线、教师为主导、学生为主体"，改变了以往"教师讲，学生听"被动的教学模式，创造了学生主动参与、自主协作、探索创新的新型教学模式。

以"任务驱动、项目导向"为主要形式，在教学过程中充分发挥学生的主体作用和教师的主导作用，注意对学生分析问题、解决问题能力的培养，从完成某一方面的"任务"着手，通过引导学生完成"任务"，从而实现教学目标。从学生接受知识的过程看，知识来源于实践，在实践中得到感性认识，经过反复实践才能上升到理性认识，并回到实践中去。"任务"贯穿始终，让学生在讨论任务、分析任务、操作完成任务的过程中顺利建构起知识结构。因材施教，突出培养学生的实践能力和创新能力。

## 二、交互式多媒体环境教学设计思路

### （一）交互式多媒体环境教学设计要点

1. 情境创设

学习总是与一定的社会文化背景即"情境"相联系，在实际情境下或通过交互式多媒体创设的接近实际的情境下进行学习，可以利用生动、直观的形象有效地激发联想，使学习者利用自己原有认知结构中的有关知识与经验同化当前学习到的新知识，赋予新知识以某种意义。

2. 信息资源设计

确定学习本项目所需信息资源的种类和每种资源在学习本项目过程中所起的作用。对于应从何处获取有关的信息资源、如何去获取以及如何有效地利用这些资源等问题，如果学生确实有困难，教师应及时给予帮助。

### 3. 自主学习设计

自主学习设计是整个以学为中心的教学设计的核心内容。在交互式多媒体环境中，可以根据不同的教学方法对学生的自主学习方式做不同的设计。

支架式教学：需围绕事先确定的学习主题建立一个相关的概念框架。框架的建立应遵循维果斯基的"最近发展区"理论，通过概念框架把学生的智力发展从一个水平引导到另一个更高的水平。

抛锚式教学：需根据事先确定的学习主题在相关的实际情境中去选定某个典型的真实事件或真实问题。然后围绕该问题展开进一步的学习，即对给定问题进行假设，通过查询各种信息资料和逻辑推理对假设进行论证，根据论证的结果制定解决问题的行动计划，实施该计划并根据实施过程中的反馈，补充和完善原有认识。

随机进入教学：需创设能从不同侧面、不同角度表现学习主题的多种情境，以便供学生在自主探索的过程中随意进入任一种情境去学习。

### 4. 协作学习环境设计

设计协作学习环境的目的是为了在个人自主学习的基础上，通过小组讨论、协商，以进一步完善和深化对主题的意义建构。整个协作学习过程均由教师组织引导，讨论的问题皆由教师提出。

教师在讨论过程中应认真、专注地倾听每位学生的发言，仔细观察每位学生的反应，以便根据该生的反应及时对其提出问题并进行正确的引导；要善于发现每位学生发言中的积极因素，并及时给予肯定和鼓励；要善于发现每位学生通过发言暴露出来的、关于某个概念（或认识）的模糊或不准之处，并及时用学生乐于接受的方式予以指出；当讨论开始偏离教学内容或纠缠于枝节问题时，要及时加以正确的引导；在讨论的末尾，由教师引导学生自己对整个协作学习过程作出小结。

### 5. 学习效果评价设计

包括教师对个人的评价和学生本人的自我评价、学生之间的评价。评价内容主要有三个方面：自主学习能力、协作学习过程中做出的贡献、是否达到意义建构的要求。应设计出使学生不感到任何压力、乐意去进行，又能客观地、确切地反映出每个学生学习效果的评价方法。

### 6. 强化练习设计

根据小组评价和自我评价的结果，应为学生设计出一套可供选择并有一定

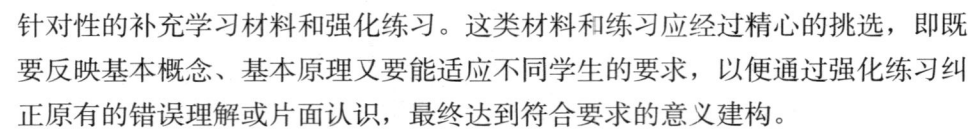

针对性的补充学习材料和强化练习。这类材料和练习应经过精心的挑选，即既要反映基本概念、基本原理又要能适应不同学生的要求，以便通过强化练习纠正原有的错误理解或片面认识，最终达到符合要求的意义建构。

7. 总结反思提升

通过对教学设计中的教学理念、教学策略、教学方法、教学活动、教学评价等各方面进行整合，总结自己的特点和优点，反思教学活动中的不足和缺点，分析提升的方面，为自己，为他人提供进步的可能和帮助，也为职业技术教育探索改革前行之路。

### （二）交互式多媒体环境教学设计原则

当前，信息技术教学应用面临的最大的挑战是当学生或者教师面对计算机屏幕时，如何加强对话和交流的效力。作为一种有亲和力的现代媒体，交互式多媒体环境可以改良以"投影仪+大屏幕"为特点的多媒体教学系统，并在本质上支持"交互式"课堂的设计与实施。

一般认为，信息化教学背景下基于交互式多媒体环境的教学设计，其核心有三点。一是借助于媒体而发生的"人机交互的教学设计"，主要利用交互式多媒体代替传统的黑板，运用书画、记忆存储等功能进行课堂组织的教学设计。二是"师生交互、生生交互的教学设计"，依据学习者的个性特点及专业特色，将学科教学软件与交互智能平板的应用完美结合。三是注重"人与环境交互的教学设计"，信息技术环境中的学习者，通过与界面交互而引发与学习内容的互动，提高有意义学习的效率和质量，最终实现人的全面发展，建构人类教育共同体。

1. 人机交互的教学设计

随着信息技术的广泛应用，交互式多媒体比较常见的是人机交互。比如，人们借助电脑，通过键盘、显示器、鼠标、数据手套、摄像头、麦克风等外围输入设备，与相应的软件配合，就可以实现人机交互的功能。人机交互技术也在不断发展，从早期的交互式命令行，发展为基于窗口、菜单、图标、指针的可视化图形界面，向着多通道、多感官自然式交互的方向发展。大多数教师在刚接触到交互式多媒体环境时，关注点在于交互式多媒体环境集"触摸屏+传统黑板+计算机+投影仪"于一体的基本功能，在教学过程中，利用的是交互式多媒体可以人机交互、立即反馈的特点，这是其他媒体所没有的。

2． 师生交互、生生交互的教学设计

在传统的教学过程中一切都是由教师来决定。从教学内容、教学策略、教学方法、教学步骤甚至学生做的练习都是教师事先安排好的，学生只能被动地参与这个过程，处于被灌输的状态。而在交互式多媒体环境中，学生则可以按照自己的学习基础、学习兴趣来选择自己所要学习的内容，选择适合自己水平的练习。如果教学软件使用恰当，学生在这样的交互式环境中有了主动参与的可能。按认知学习理论的观点，人的认识不是外界刺激直接给予的，而是外界刺激与人的内部心理过程相互作用产生的，必须发挥学生的主动性、积极性，才能获得有效的认知。这种主动参与性就为学生的主动性、积极性的发挥创造了很好的条件。

3． 人与环境交互的教学设计

在交互式多媒体环境中，一方面可以保持师生之间的有效交流，另一方面可以延续多媒体课堂中丰富的媒体信息对于学习效果的影响。更重要的是，可以通过增加学生与大环境之间的有效互动、学生与界面交互引发与学习内容的互动，解决关于确定学生主体地位的核心问题。教师可以从认知策略、组织策略等角度切入具体的教学设计，提高有意义学习的效率和质量，让学生切实感触到自身及身边的发展成就，最终实现人的全面发展的理念，建构人类教育共同体。

### （三）交互式多媒体环境教学设计注意事项

虽然教育信息化最初以技术手段的面貌出现，但技术本身不是目的，而是要坚持教育信息化为教育改革发展服务。作为一种具有革新意义的新媒体，交互式多媒体环境中的教学需要关注以下几个方面的问题。

1． 强调学习支持的重要性

解释性知识与体验在教育中有很重要的作用。但是，与传统教学不同的是，交互式多媒体环境强调体验，而解释性知识作为一种教学支撑，对学习者在交互式多媒体环境中的学习来说是非常重要的。

2． 强调学习内容与课程内容的匹配性

目前，一些交互式多媒体环境（如教育游戏）的设计、开发者并不是一线教师，很多学习内容与课程教学之间存在不匹配。这使得学习者在利用交互式多媒体环境进行学习时，与课堂教学脱节，容易造成因所涉及知识或技能太浅而纯粹"玩",或因所涉及的知识或技能过深而不愿学习的局面。

3. 强调教学设计的合理性

教学设计决定了学习者的学习。因此,在使用交互式多媒体环境进行教学时,应根据教学内容,充分利用交互式多媒体的特点和教学优势,合理运用教学设计知识,转变交互式多媒体环境支持的课堂教学模式、方法和策略,才能达成优质、鲜活、高效的课堂教学效果。

## 三、交互式多媒体环境教学设计案例

### (一)交互式多媒体环境教学案例引入

入职已经两年的小王老师最近一直感到很困惑,利用多媒体教学确实有助于改善教学效果,可是理想很丰满,现实很骨感,总感觉受到环境的束缚,课堂上不能灵活自如地发挥,学生也容易注意力分散,教学互动总是达不到理想的效果。在和同行聊天的过程中发现还不止她一个人有这样的困惑,有的老师觉得自己就像是机器的奴隶,在课堂上的作用就是点击鼠标。

那么,有没有一种能集黑板和多媒体之所长,既能方便引入和呈现数字化信息资源又能根据需要随时增减调整内容,既能充分发挥教师的主导作用和个人魅力,又能增加师生参与和互动的新环境,为课堂插上信息化翅膀,形成有效互动,构建高效课堂呢?今天我们就一起来探讨一下"基于交互式多媒体环境的教学设计"。

### (二)交互式多媒体环境教学案例分析

《政治理论概述》课堂互动教学设计。我们先来看一段李老师津津乐道的课堂小片段。

在讲授《政治理论概述》课业内容的时候,在导入环节李老师将满屏的年度新闻热词通过PPT课件显示在交互式智能平板上,让同学们上台来选出心目中的十大关键词,并在所选词汇上做标记。在交互式多媒体环境中,利用交互式智能平板强大的"书画功能",用手指或者电子笔可直接在平板上书写"正"字,书写流畅,结果一目了然,同学们能清楚地看出哪些是最受关注的新闻热词。利用"记忆存储功能",老师还可以保存该班级学生的投票情况。李老师设计的这个教学活动,让学生与平板上的教学内容互动得十分顺利,学生兴趣浓厚,积极性高涨。

李老师回忆这一片段时说道:"同样的教学活动,如果放在普通多媒体教室,播放 PPT 课件时,学生可以点击鼠标右键调出指针选项中的荧光笔开始做标记,可是过程复杂、操作也不灵活,不利于互动;而如果放在普通黑板上,书写工作量太大,也限制了后续教学活动的开展。交互式智能平板一来,这些问题就迎刃而解啦!"

用交互式多媒体代替传统的黑板,教师不用受键盘、鼠标的束缚,就能充分发挥教师的主导作用,避免了对学生注意力的干扰,还能进行人机交互,这就是交互式多媒体环境最直观的作用之一。教师可以在课堂教学中使用交互式多媒体来提高学生在学习过程中的参与度,学生可以走到交互式智能平板前,用电子笔在板面上随意地书写和标注,它是学生展示个人成果并与其他同学进行讨论的有效工具。

交互式多媒体环境还进一步把电视机所具有的视听合一功能与计算机的交互功能结合在一起,产生出一种新的图文并茂的、丰富多彩的、可以立即反馈的人机交互方式。这样的交互方式对于教学过程具有重要意义,它能够有效地激发学生的学习兴趣,使学生产生强烈的学习欲望,从而激发学习动机。交互性这一特点使得多媒体计算机不仅是教学的方法,而且成为改变传统教学模式乃至教学思想的一个重要因素。

### 四、交互式多媒体环境教学设计总结

交互式多媒体的强大教学功能为改进教学、促进信息技术与日常课程的深度融合提供了技术实现的可能性。然而,任何有效的教学都需要精心设计,最终决定教学效果的是人们使用媒体与技术的方式,而不是媒体与技术本身。因此,在设计基于交互式多媒体环境的教学时,我们注意到教师、学生和课堂都在发生转变。教师从"知识的传播者"转变为"情境的设计者",从注重"教材体系"转变为"教学体系",以问题为导向,结合工作岗位的实际需求,充分利用信息化手段,实现课堂的互动翻转。学生由个人"单兵作战"转向团队"合作学习"。

在合作中,学生更懂得如何认真倾听、深度思考、自由评论。只有课堂改变了,学生才会改变。教师鼓励并尊重学生表达真实的看法和观点,让学生会学、善学、乐学。转变后的课堂更加以学生为中心,学生在知识的整合、分析

与运用方面可以投入更多的时间和精力。相较于传统教学模式，交互式多媒体环境中课堂的"交互"得到了极大的提升，在为教师教学带来便捷的同时，也提高了学生的学习效率和积极性，真正实现了教学相长。

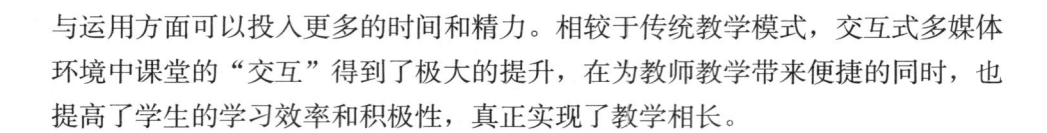

## 第四节　基于大型系统仿真教学平台的教学路径设计

虚拟仿真教学技术在理论教学和实验实训教学中的应用都非常广泛，它能充分结合行业特色，将计算机仿真系统或真实装备与计算机仿真综合系统组合起来，形成仿真环境，设置情境教学环境，进行模拟操作与控制，强化职业操作技能，有效提高了学习者的学习积极性，使学习由被动的填鸭式变成了主动的训练式。

早年的仿真软件一般应用于单机教学，随着信息网络技术的飞速发展，这种单机仿真教学模式已逐步被网络仿真教学模式取代，学院企业相继联合开发出各种大型系统仿真教学平台，有效解决了单机仿真教学受时间和空间限制的问题，使课堂在时空上得到了延伸和扩展，真正实现了时时可学、处处能学、人人皆学。

什么是基于大型系统仿真教学平台的教学设计呢？它是指在教学实施过程中，学习者利用大型系统仿真教学平台进行知识学习和仿真操作训练，教师通过仿真平台构建学习情境，完成教学任务，促进学习者全面发展的一种教学方式。

如何利用大型系统仿真教学平台进行教学设计？我们先来了解设计基础和设计要点，然后再以一位老师由传统教学到基于大型系统仿真平台"线上＋线下"教学的转变为例，详解基于大型系统仿真平台教学设计的理念、实施与效果。

### 一、大型系统仿真教学设计基础

基于大型系统仿真平台的教学设计是依据建构主义教育学习理论，在"线上"虚拟仿真和"线下"真实场景的教学环境下，运用系统科学的方法，对教学目标、教学内容、教学策略、教学评价等教学要素和教学环节进行分析、计划并做出具体安排的过程。其根本目的是获得解决教学问题的最优方法和策略，促进学生的学习和发展。设计前期应充分了解虚拟仿真的教学环境特点，根据教学目标、教学内容及学习者特征确定合适的教学模式。下面就该类教学设计进行简单的教学环境分析及教学模式选择。

### （一）大型系统仿真教学环境分析

职业教育一般具有较强的实践性，尤其是航空航天、冶炼、化工、医药、汽车工程等工程性较强的专业，其实践教学约占专业课程总学时的1/2，对实训场地的大小及实训设备的数量有较高的要求。随着职业教育的规模逐渐壮大，其有限的实训场地、设备、仪器更难以满足学生实践训练的需求，尤其是部分工科类专业面向的产业环境复杂、设备庞大、甚至有毒有害，因此对于实践教学的改革和创新迫在眉睫。如化工生产过程中，其涉及的化学物质绝大多数具有易燃、易爆、有毒等特点，且绝大多数化学反应均是在高温、高压等条件下进行的，存在诸多不安全因素。另外，随着化工企业的现代化进程，生产操作自动化程度变高。因此，大多数化工企业不愿意让没有工作经验的学生到现场学习，即使进入实习企业，大多数也以见习、参观为主，学生无法真正地了解化工生产过程，更不能有效提高其实践动手能力。因此，对于学生的实践操作教学亟需一个安全的、可操作的，尤其是运行成本不高、可反复操作的实训环境，而虚拟仿真环境正好满足了此种需求。学生在虚拟环境中反复训练，掌握原理，熟悉流程，优化操作方案；在真实场景中熟悉设备，掌握流程，动手实操，强化操作规范，既可有效提升学生的岗位操作技能，又能培养学生的工程观念，还可强化学生安全生产、节能环保、规范操作的职业素养。下面就仿真软件及现场实操设备做简单介绍。

**1. 仿真系统**

仿真技术与计算机技术密切相关，它是以相似理论、模型理论、系统技术、信息技术以及仿真应用领域的相关专业技术为基础，以计算机系统、与应用相关的物理效应设备及仿真器为工具，利用模型系统进行研究的多学科综合性技术。

根据所用模型的分类，仿真可分为物理仿真和数字仿真，物理仿真是以真实物体和系统，按一定的比例或规律进行缩小或扩大后的物理模型为实验对象进行的仿真研究；数学仿真是以真实物体或系统规律为依据，构建数学模型后，在仿真机上完成研究工作。

根据所服务的对象不同，仿真系统又可划分为航空航天、核能发电、火力发电、石油化工、冶金、轻工等多种类型。如石化仿真系统是以计算机软硬件技术为基础，在深入了解石油化工各种工艺过程与设备的动态数学模型，并将其软件化的同时，设计出易于在计算机上实现而在传统教学与实践中无法实现的各种培训功能，创造出与现实生产操作十分相似的培训环境，从而让从事石油化工生产过程操作的各类人员在这样的仿真系统上进行操作与试验。大量统计数据表明，学员通过数周内的系统仿真培训，可以使其取得实际现场2至5年的工作经验。其诸多优势使其成为当前众多新员工和人员培训的必要技术手段，已渗透到职业教育教学的各个领域。无论是在理论教学、实验教学，还是在实习实训教学领域，仿真教学都有着传统教学手段无法比拟的强大优势。如化工仿真实训系统，它再现了一个真实的化工过程，学生在课堂上就能操纵与管理生产中流量、温度、压力、液位、组分等数据的生成及变化，轻松解决了因化工生产环境复杂而导致的实训场地、时间受限，学生动手操作机会几乎为零的难题。石油炼制中催化裂化工艺反应—再生系统的仿真实训软件，满足了化工类专业学生工艺实训的反复模拟实操需求，从根本上解决了化工类专业实习实训难的大问题。

仿真软件的应用是教育教学一次质的飞跃，尤其是将实操搬进课堂，学生零距离动手操作，既实现了其职业操作技能的提升，同时也进一步加深了其对理论的理解。但实操需要时间，只有反复练习，才能渐入佳境，进而熟能生巧，故有限的课堂教学时间并不能满足学生训练的需求，一种跨越时空的训练模式亟待产生。

**2. 在线仿真系统**

恰逢信息网络技术的飞速发展，在线仿真平台应运而生。下面以湖南化工职业技术学院与东方仿真软件技术有限公司联合开发的化工仿真教学平台为例来介绍在线仿真在教学中的应用。该平台是一个集理论学习、交流沟通和在线仿真等多种功能于一体的新一代学习交流平台，它充分利用"世界大学城"这个大平台，通过用户名和密码登录，把分散于各地的学员聚集在一起，实现不分地点、不分时间进行相互之间的交流探讨，兼具省时省事、组织管理方便、费用低廉等优点，为学校实验实习、企业员工培训及远程教学提供了一种简洁实用的方式。在线仿真教学平台一般由学校和企业联合打造，学校拟定平台构架、整合教学资源，企业提供技术支持、满足学校专业教学的个性化需求，极大地提高了教学的灵活性。平台有资源学习、仿真训练、反馈交互，还兼顾画面性、趣味性，使学生学习的自主性得到了有效提升。目前平台大多还处在建设期或优化期，国家也在大力支持在线共享教学平台的建设，以整合优质资源，开放平台实现全民共享。

虽然在线仿真平台能实现人人皆学、时时可学、处处能学的仿真训练，但仿真毕竟是虚拟的场景，与真实场景存在着一定的差距，如安全操作、节能环保以及协作生产等在仿真中并不能很好地体现，因此要达到零距离上岗的标准，必须有真实场景的操作训练，就需要学院配备有完备的现场实训基地。

**3. 现场实操环境**

实训基地是培养学生理论应用能力、技术应用能力的实践训练场所。它把学生的课堂学习与有计划和有指导的实际工作经历相结合，既是理论与实践结合的媒介，又是学习与产业企业、科研相结合的教学形式的基础，是职校开展课程专业实践教学，提高学生实践能力的必备场所。近年来，国家及地方政府均加大了对各高职院校实训基地的投入，石油化工、机电、制药等各类大型实训基地相继建成，基本满足了对应专业的技能训练要求。基地提供给对应专业学生动手操作、亲自实践的机会和场地，开展对应理论课程的应用训练、对应专业基础课的一般性技能训练、对应专业课程的专业技能训练、对应课程设计与毕业设计的综合技能训练、对应素质教育的工业化训练以及对应工种考核的专门化训练。但基地实操环境始终存在着工位有限、环境复杂、操作可能不安全等问题，设备容易损坏，运行成本较高，教学过程较难监控，无法满足技能提升需要反复多次训练的要求。

**（二）大型系统仿真教学模式选择**

仿真软件和实训设备的建设是目前职业教育实践教学的基础，那如何将仿真软件和实训设备有机结合起来、行之有效地应用于实践教学中呢？这个问题长期以来一直都困扰着一线的实践教学老师，为此他们也积极地进行了这方面的教学改革，并取得了一定成效。目前正被广泛采用的是"线上虚拟仿真＋线下实操训练"虚实结合的教学新模式，它能结合虚拟仿真反复多次训练和真实场景亲自动手体验的优点，最大程度地发挥各实训装置的作用，使教学达到事半功倍的效果。

"线上虚拟仿真+线下实操训练"虚实结合的教学模式所具有的优势目前已经得到业界认可,然而,该教学模式的优势并非自然而然就能产生,它离不开精心的设计和实施。因而关于虚实结合的教学设计与实施就成了衡量教学效果好坏、能否达成教学目标的重点与关键所在。在设计过程中,教学策略的选取以及教学方法的选择成为其重中之重,以下对该模式常用的教学策略和教学方法进行简单的分析介绍。

1. 教学策略的选取

虚实结合的教学模式是通过学生反复多次的仿真训练深化其对理论原理的理解、熟悉复杂的工艺流程、操作流程,通过真实场景的现场实操训练零距离对接企业岗位,培养学生的动手操作技能,以工程项目的视角考虑操作的稳定、安全、环保、节能、成本等。

该模式一般采用抛锚式教学策略,即以建构主义学习理论为基础,以真实事例或问题为"锚"将教学内容囊括其中,以学生为绝对中心解决问题或完成任务而开展的教学过程。教学环节主要由创设情境、确定任务、自主学习、实施任务、效果评价五个部分构成,即结合虚拟仿真软件创设真实的工作情境,明确工作任务或任务主线,下发学习资源清单,学生线上自主学习、训练并完成自测、考核,教师针对学生自学反馈及考核结果设计相应的线下教学活动,重点解决学生自主学习的难点,优化仿真操作并高质量地完成现场实操,学中做、做中学、理实相辅,提升操作技能,强化理论知识。

其中,仿真训练结果的分析可促进学生掌握理论,熟悉操作流程,从而进一步优化操作,为现场的任务实施做好充分准备。现场实操训练一则可锻炼学生的动手操作能力,培养学生严格按操作规程实施操作的职业素养,强化学生的安全、节能、环保意识;二则可从现场实操的效果进一步强化学生对理论和操作规程的理解。虚实结合的训练方式,可有效提升现场实践教学的效率,大大降低实践教学的成本。理实深度融合的学习方式,使学生的实践操作不再是依葫芦画瓢,只知其然而不知其所以然;理论学习也不再是纸上谈兵,空泛抽象,令学生难以理解;线上线下相结合的混合式学习则可有效提高线下课堂的学习效率,满足不同基础、不同层次学生线上学习的个性化需求。

2. 教学方法的选择

抛锚式的教学策略是以学生为绝对中心,因此需要教师充分有效地引导学生,激发学生的学习兴趣,使学生由传统的"填鸭式"被动式学习转变为积极的自主探究式学习，一般采用的教学方法有任务驱动法、小组协作法、角色扮演法、自主学习法、现场教学法等。在实际教学过程中，通常是将多种教学方法进行有机整合、综合运用，根据不同教学方法的特点、针对不同的教学内容选用合适的教学方法，在虚实结合的教学过程中通常采用的是任务驱动与小组协作的教学方法组合，以下是任务驱动教学法的简单介绍。

任务驱动教学法是一种建立在建构主义学习理论基础上的教学法，它将以往以传统知识为主的传统教学理念，转变为以解决问题、完成任务为主的多维互动式教学理念；将再现式教学转变为探究式教学，使学生处于积极的学习状态，每一位学生都能根据自己对当前问题的理解，运用共有的知识和自己特有的经验提出方案、解决问题。

如化工生产中干燥过程的实践教学，采用任务驱动法，其基本环节如下：创设一个真实的产品干燥的情境；提出干燥的要求，即明确干燥的任务；提供相应的学习资源与训练工具供学生自主学习、协作训练、完成任务；对任务完成情况进行评价分析，梳理干燥理论，总结操作流程，并全方位多维度评价学生的学习情况。通过以上四个环节，以浅显的实例入手，带动学生对理论的学习和对应用软件的操作，提高学生的学习效率和兴趣，培养他们独立探索、勇于开拓进取的自学能力。"任务"的完成使学生获得极大的满足感以及成就感，激发了他们的求知欲，于是伴随着一个接着一个的成就感，使教师的"教"与学生的"学"逐步形成一个互相促进的良性循环。

## 二、大型系统仿真教学设计思路

基于大型系统仿真平台而进行的教学设计应以"学生为主体"为原则，遵循教学设计的基本流程。首先对教学目标、学习者特征及教学内容进行分析，确定教学目标及教学重难点；然后根据现有的"线上虚拟仿真平台＋线下现场实训设备"的教学条件选择合适的教学模式、教学策略、教学方法，并进行相应教学资源的开发或重构；再次根据确定的教学策略及方法进行教学组织与实施的过程设计，确定具体的教学实施步骤及教学考评模式；最后对教学实施效果进行评价总结及教学反思，进一步优化教学设计。

### （一）大型系统仿真教学设计要点

针对此类教学环境的教学过程，其教学设计的要点在于教学策略的选取、

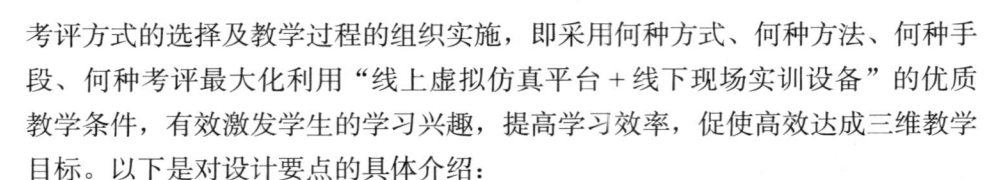

考评方式的选择及教学过程的组织实施，即采用何种方式、何种方法、何种手段、何种考评最大化利用"线上虚拟仿真平台＋线下现场实训设备"的优质教学条件，有效激发学生的学习兴趣，提高学习效率，促使高效达成三维教学目标。以下是对设计要点的具体介绍：

### 1. 虚实结合的方式

教学过程应充分发挥虚拟仿真平台与现场实训设备的优势，取长补短，优势互补。在线虚拟仿真可实现线上跨越时空的学习和训练，还可远程监控其学习训练情况；但由于它是软件虚拟，极易出现对质量安全等实际操作问题的忽略，如操作规范、节能环保、安全意识等，故需在线上学习过程中提供相应的学习资源，如理论原理、设备结构、操作规程、质量安全等，并尽可能以图文并茂的资源形式展示，使教学过程形象生动，易于学生的理解和学习。

现场实操可实现线下学生与真实设备的零距离接触，学生既认识了真实的设备及流程，又完成了特定工艺的现场操作，其实践动手操作能力得到大幅度提升。但实训过程中也会存在一些不安全因素，如动火、超压等，导致实训过程难以监管，同时也因受到工位、设备状态、运行成本等的限制，而无法实现反复多次的训练巩固，故需在进行充分的线上仿真训练及操作规程学习后，再完成线下的现场实操训练，以保证现场实操训练的高效性。

### 2. 任务驱动的方法

教学过程应创设与教学内容相对应的情境，并设定难度适中的任务，提供一定的思路及资源，引导学生按部就班地掌握岗位操作所需要的职业素养、理论知识和操作技能。教学中应注意对学生学习的过程性评价考核，既能及时了解学生的学习情况，有针对性地进行教学调整，又能有效提升学生学习的主观能动性，高效率地达成教学目标。

### 3. 信息化教学的手段

教学过程中应尽可能地提供形象生动、图文声并茂的电化资源如图片、音频、动画、视频、微课、仿真等。通过直观的资源展示可有效促进学生对抽象的理论或原理及不可视的内部或微观结构的理解掌握，提高学生学习的自我成就感，使之学习专业知识和技能的热情高涨。因此，丰富多彩、形象生动的教学资源是吸引学生眼球的关键，教师应结合专业岗位需求及学生学习特点有针对性地开发数字化教学资源，以满足学生学习的个性化需求。

### 4. 多元多维度的评价

教学过程中应注重学生全方位的评价，即评价对象的多元化和评价过程的多维度，确保评价的全面性、合理性、公正性，促进学生评价意识的养成，提升学生学习的自我认同感，提高学生学习的主观能动性，由"填鸭式"被动学习转变为"进取型"主动学习。多元多维度的考评既能检验学习效果，也能激发学习兴趣。较之传统的单一考评模式，其目的更在于成就全体学生的学习成就感，有效地激励和督促学生学习，形成"你追我赶"的良性学习态势，激发学生的学习潜能。

## （二）大型系统仿真教学设计原则

在此类教学环境的设计过程中，因教学内容多涉及职业岗位实践动手能力的培养，故需坚持以下四点基本原则。

### 1. 学生为主体的原则

学生是学习的主体，一切教学活动应坚持以"学生为主体"的原则来开展，根据职业岗位的需求、学习内容的特点及学生的学情创设合适的工作情境，布置合理的工作任务，提供相应的学习资源，引导学生逐步完成工作任务，帮助学生进行知识内化，学生为主，教师为辅，促进学生自主学习能力的提升。

### 2. 小组协作的原则

职业岗位多为班组工作模式，需要有较强的团队协作能力。故在教学过程中应有意识地多采用分组模式教学，即坚持"小组协作"的原则，学生分组学习、分组完成任务、分组进行考核；开展组间评比、组内评比，既强化了团队合作意识，又通过组内良性竞争促进了自身能力的提升。

### 3. 能实不虚的原则

教学中因考虑场地、安全、环保、教学管理等因素，多采用图片、动画、仿真、4G同屏传输等资源或技术手段将现场教学搬进课堂教学，有效缓解了现场教学环境差与现场教学要求高的矛盾，学生既能在安全的环境中进行学习，又能有相对真实的现场体验感。但在教学中应注意这些资源及技术手段并不能真正地替代现场教学，需有真正的现场教学与之配合，即教学设计需坚持"能实不虚"的原则。

**4. 多方评价原则**

教学中应注意考评方式的选择，传统的考核多以教师为主，教师组织、教师考核、教师评定，无论从考评对象还是考核方式来说都具有一定的片面性，容易造成部分学生因考核失利而失去对学习的兴趣。这对于职业教育来说是至关重要的，它将直接影响学生的就业以及在工作岗位中的表现。因此，职业教育的考核应坚持多方评价的原则，既包括师生、生生评价，也包括企业专家、社会人士等的评价。

### （三）大型系统仿真教学注意事项

（1）教学情境契合专业需求，但切忌过于庞大，而对知识点或技能点没有针对性。

（2）运用任务驱动法设计任务，其难度应适中，切忌难度过低而没有学习成就感，难度过高而没有学习积极性。

（3）注意线上资源的趣味性，通过实时交流及考评及时了解学习反馈并优化资源。

（4）注意小组成员的合理搭配，进行轮岗训练，促进学生能力的全方位提升。

（5）注意虚拟仿真与现场实操的优势互补，最大限度地利用虚拟仿真反复训练，并同时提供相应的实操训练。

## 三、大型系统仿真教学设计案例

### （一）大型系统仿真教学案例引入

某职业院校周老师从教数十年，一直担任化工类专业《化工单元操作》课程的教学工作。"化工单元操作"是化工类专业必修的核心课程，包括流体流动、传热、精馏、干燥等十一个教学项目，每一个项目都是化工生产流程的重要组成部分。为此，学院配备了相应的化工单元仿真软件以及相应的单元实训中心供教学使用，表6-6为周老师就干燥项目操作与控制进行的教学设计。

表 6-6  干燥项目操作与控制教学设计表

| 干燥项目操作与控制 |||||
|---|---|---|---|
| 地点 | 机房+实操基地 | 教学方法 | 提问法、讨论法、归纳法 |
| 课业内容 | 数值干燥工艺流程；掌握干燥单元操作与控制 || 课型 |
| ^ | ^ || 理实课 |
| 教学目标 | 知识：熟悉干燥工艺流程；掌握干燥操作与控制基本要点 | 技能：能够进行干燥工艺开停车操作及故障处理 | 态度：培养学生工程技术观念；培养学生应用所学知识解决工程实际问题的能力 |
| 教学重点 | 干燥工艺仿真开车操作 | 教学难点 | 仿真事故分析及处理 |
| 教学步骤 | 教学设计 | 学生活动 | 时间分配 |
| 课前准备 | 下发工艺流程图及操作规程 | 预习流程及操作规程 | — |
| 干燥原理复习 | 1. 教师提问：干燥有哪些方式？干燥设备有哪些？简述干燥的基本流程？2. 总结学生问题回答情况，引入本次课主题干燥流程仿真操作 | 1. 回答问题：要求掌握干燥方式，熟知设备种类；2. 讨论后总结回答干燥基本流程 | 10 分钟 |
| 仿真开车操作讲解 | 通过仿真软件演示仿真操作开车过程并进行详细讲解，说明操作要点、参数控制机器原理 | 熟悉开车流程，了解操作要点、操作参数控制 | 20 分钟 |
| 仿真操作练习及操作总结 | 针对学生操作问题，进行操作要点强化；分析故障产生原因并组织学生讨论处理措施，优化操作方案 | 分析开车操作问题，进一步明确操作要点；讨论故障发生原因及应对措施，优化开车方案 | 30 分钟 |
| 现场实操及总结 | 讲解工艺流程，强化操作规范；演示操作过程；学生训练巡视指导；点评总结学生操作情况 | 熟悉工艺流程；熟练掌握操作规程；现场实操训练；总结操作经验 | 90 分钟 |
| 课后作业 | 总结操作经验，完成实训报告，仿真演练并进一步优化操作方案 |||
| 教学小结 | 学生对实操兴趣高，教学效果好，但知识多以讲授为主，未能有效激发学生自主学习，教学效率偏低 |||

该教学内容为化工生产实际工程问题，理论知识抽象，设备内部结构不可视，工艺流程复杂，实操机会少，学生学习难度大，教学效果不佳。虽然，传统的多媒体教学已能图文并茂地利用设备图片、流程动画、操作视频展示出干

燥设备内部结构及其工艺流程,较好地解决了原理抽象和设备不可视这一教学难题,但却无法有效解决工艺实操训练难这一教学关键难点。该教学设计利用仿真软件具有模拟现场操作的特点,将干燥实训教学由实训基地搬进机房,解决了因基地工位紧张,难以满足学生同时进行实操训练的难题。学生可通过学员机反复进行干燥工艺开停车及故障处理操作,其操作评分由软件后台实时评定,教师可通过教师站实时监控学生得分及扣分点,了解学生操作问题,分析原因并进行操作方案的优化,使单元实训教学的效果得到有效提升,使实训教学评分得以量化、客观化,解决了教学效果难监控的问题。该设计采用机房教学,受机房电脑数量及开放时间的影响,学生的训练时间、训练地点也受到了限制,影响了预期教学目标的实现。于是不受时空限制的仿真训练模式登上实训教学的舞台,该如何基于在线仿真平台与现场实训基地设计教学过程并将其有效地实施呢?

## (二)大型系统仿真教学案例分析

### 1. 教学内容分析

该课程为化工类专业核心课《化工单元操作》,上承化工基础课程,下启化工工艺课程,在专业学习中具有重要地位。教学内容为干燥技术的工艺操作与控制,由于其设备原理、物料流程抽象难理解,工艺操作复杂难控制,工程性、实践性、技术性较强,学生学习难度较大,故需采用先进的信息化手段如设备动画模拟、工艺仿真模拟等辅助教学,将抽象变形象、将不可视变可视,拨开生产设备神秘的面纱,全方位剖析设备内部结构,促使学生掌握其工作原理;并且通过反复多次的工艺仿真操作,熟练掌握工艺流程及其操作,掌握其开停车操作步骤,了解其操作关键指标,通过工艺实操掌握现场设备的操作及指标控制。课程采用线上线下联合教学,工艺认知及仿真训练在线上进行,工艺及仿真内化、工艺实操则由线下完成,采用"线上+线下"的方式教学,共2课时。

### 2. 学生学情分析

授课的对象为化工类专业大二学生,通过前期学习,学生对物料性质、流动及传热技术、化工仿真软件操作等较为熟悉;喜好形象生动的信息化课堂和实践动手操作,具备一定的自主学习能力;但对抽象的干燥理论学习兴趣不高。

### 3. 教学目标分析

在对化工行业及职业岗位群的需求调研的基础上,结合企业专家意见,依据专业人才培养方案、课程标准确定本次课的知识、技能、态度三维教学目标。知识目标为掌握干燥工艺流程及流化的原理，掌握关键参数分析；技能目标为能初步确定干燥操作关键参数，能操作干燥设备；素质目标为培养工程技术观念，增强节能、环保意识和严格按操作规程实施安全生产的职业操守。

4．教学重难点分析

教学内容为干燥工艺的操作与控制，因此需要重点掌握干燥工艺的操作流程以及关键参数的确定。因关键参数对操作的稳定性以及产品质量的好坏影响较大，故关键参数合适与否决定了产品的品质及利润。而关键参数的大小一般由原料性质、产品要求、干燥时长、设备结构、工艺计算、工艺流程等因素共同决定，其决定因素繁多复杂，抽象难解，学生学习难度相对较大，故教学的难点为关键参数的确定。

5．教学策略分析与设计

根据教学内容特点创设小米干燥的真实情境，确定课堂任务为湿小米的工业干燥，即以学院食堂一批返潮小米为载体，以工艺认知掌握工艺流程—仿真分析找出关键参数—工艺实操确定关键参数为任务主线，依托化工单元实训中心，采用任务驱动、情境创设、问题引导、小组协作等方法，利用云班课、微课、动画、二维码、在线化工仿真软件、实训设备等资源，课前通过班课导学学习干燥工艺流程、进行仿真训练，课中将知识内化以掌握工艺流程和仿真操作、确定关键参数、完成小米干燥实操，课后通过实操报告撰写、仿真操作优化及考核自测巩固关键参数确定及操作。利用微课、动画等资源展示原理及流程，利用仿真操作结果及动画分析引导学生找到关键参数，利用现场实操数据直接确定关键参数范围，结果直观可视，学生易于理解，做中学，学中做，理实一体，虚实结合，化解教学重难点；借助云班课实时评价学生表现，实现教学做评合一，有效激发学生的学习兴趣，提升学生的自主学习能力，达成教学目标。

6．教学资源设计与准备

（1）微课动画资源

任务一：设备选择确定流程，因设备内部结构不可视，造成设备原理、工艺流程抽象难理解，需要动态展示设备内部结构和工艺流程。因此需要搜集、开发或制作相应设备动画图、视频及工艺流程讲解微课。任务二：仿真训练确定关键操作参数，因仿真为技能型训练，需循序渐进、熟能生巧，故需录制操作视频供学生课前反复练习，提高课堂教学效率。

（2）二维码

任务三：现场操作，学生需先熟悉现场设备，通过二维码转换技术，对接现场设备原理、工艺流程，实现学生学习资源资讯现场的及时获取。

（3）在线仿真实训平台

该平台集资料（动画、视频、课件等）下载、在线交流、考试、在线仿真实训等众多功能于一体，便于学生的主动学习，满足了学生的个性化学习需求。

（4）单元实训中心

该实训室配有8大单元操作设备、32套设备及中控室、理实一体化教室，满足了化工类专业学生实习实训的需求，专业技能得到了提升。

（5）云课堂

及时推送学习任务及资讯、技术前沿、专业就业信息等，资源高度共享，能实现课前、课中、课后全过程学习的实时智能管理，加强了学习过程的考核，学习任务犹如游戏闯关，完成可得积分；最后的总评分则由平时的课堂考核成绩和期末考试成绩按一定比例综合计算而得，即过程性评价和终结性评价，一般根据课程性质调整其分配比例，一般过程性评价占到40%至80%不等，理实课、实践课略高一些，本课程所占比例为50%。

7. 教学活动与组织设计

（1）课前导学，下发任务

课前，学生通过手机领取任务——湿小米干燥脱水，要求学生确定干燥设备及操作流程。点击链接进入化工仿真教学平台，查看各干燥设备动画、视频等资源，自主学习完成干燥设备选择。

点击链接进入化工仿真实训学生端，登录进入干燥工艺仿真项目。该项目设有DCS、实训装置等界面，学生可通过"质量评分系统"的提示，自主开车、停车，实时查看操作成绩。这样，学生通过手中的鼠标就能随时随地自主实施干燥工艺仿真操作，确定干燥实操步骤。教师则在教师端实时查看学生项目实施进度及效果，必要时进行适当的远程协助，并记录评分。教师通过查看学生提交的方案、工艺仿真操作及在线交流内容，及时了解学生任务完成情况，掌握学生存在的问题和困难，有针对性地对教学预设做出调整。

（2）课中释惑，完成任务

①任务承上引入。对已学相关知识进行梳理，自然过渡至新课内容，以学院食堂一批返潮小米需进行干燥处理为载体，要求学生从安全、节能、环保等

实际生产需求出发来完成此任务，确定教学环节为设备选择确定工艺流程、仿真训练确定关键参数、现场实操完成小米干燥。

②任务分配实施。环节一：设备选择确定工艺流程。课上回顾课前推送的小米干燥工艺，针对学生课前学习提出的问题进行详细的讲解。采用课堂翻转的模式，利用生动形象的动画及视频资源直观地展示各设备内部结构及物料流程，解决传统设备认知教学中不可视、不具体、不直观的难题，便于学生了解设备，分析设备，同时也能极大提高教学的效率，满足不同层次学生的个性化学习需求。要求学生课后讨论各干燥设备特征、优缺点及适用物料，得出干燥设备选择原则表。环节二：仿真训练确定关键参数。组织学生考核流化床干燥工艺仿真训练操作，结合课前仿真训练情况，了解到学生存在的主要问题是操作顺序错误、指标控制不当。组织学生讨论操作错误的原因，明确干燥工艺的操作步骤。引导学生用物料及能量衡算法确定工艺参数，培养学生的安全质量生产意识。设定故障培养学生分析及处理干燥故障的能力。学生在虚拟世界中可任意改变条件，观察物料状态和产品质量，解决了因化工现场环境复杂，错误操作造成生产异常甚至安全事故而难教学的难题，为湿小米干燥现场实操打下了基础。环节三：现场实操完成小米干燥。学生分小组熟悉现场，通过扫描二维码了解现场设备结构及工作原理，通过对照流程图熟悉现场工艺路线，讨论确定实操方案，经教师确认后，进入湿小米干燥实操环节。教师巡回指导，保证操作安全，从质量、产量、操作、数据记录等多方面进行考核评价。虚拟仿真软件辅助现场实操教学，学生在做中学，轻松实现了流化床干燥工艺操作技能的提升，突出了重点，化解了难点。学生展示所获产品，陈述操作过程及技术要点，质疑并提出改进措施。教师总评学生在任务实施中的成功与不足之处，并提出改进的方向。

③任务总结评价。归纳小结课堂教学内容，一为设备原理、结构、工艺流程；二为仿真操作规程、干燥结果影响因素及关键参数确定；三为现场操作流程、操作注意事项、参数调节、工艺正常运行及故障处理。通过云平台评价各小组任务完成情况，进行小组评分和个人评分，激励每位同学积极参与课堂教学，激发学生学习的主观能动性，强调过程评价的重要性。

④任务强化拓展。课后，学生总结操作经验，利用在线化工仿真实训平台反复练习干燥工艺操作与控制，优化操作过程，确定最优操作方案。完成干燥技术综合自测，强化巩固已学知识。

### 8. 教学评价设计

通过云课堂平台从学生课前、课中、课后的课前自测、设备方案、仿真训练、关键参数讨论、现场实操、课后仿真、课后自测等多环节全过程评价学生的学习效果，引导学生质疑探究，积极实践，促进学生主动学习。

### （三）大型系统仿真教学案例实现

以下是通过案例分析最终设计得出的教学方案，详细的教学过程、时间分配及相关的教学资源、评价方案见表6-7。

**表6-7 干燥技术—工艺实操教学方案**

| 标题 | 干燥技术—工艺实操 | 学时 | 45分钟 | 课程 | 化工单元操作 | 授课班级 | 应用化工专业大二学生 |
|---|---|---|---|---|---|---|---|
| 教学内容 | 干燥技术—工艺实操<br>固体产品为便于贮藏、运输、加工或应用，利用加热汽化的方法去除湿分的单元操作为干燥，它在国民经济中占重要地位。前几次课已经学习了干燥的原理、分类、湿空气的性质、工艺计算及速率控制，学生已具备工艺实操的理论基础，故本次课的教学内容是干燥技术—工艺实操，通过对学院食堂一批返潮小米的干燥过程学习，包括工艺流程认知、仿真训练、关键参数确定及现场实操，使学生初步具备干燥—工艺关键参数确定及工艺操作与控制能力 ||||||||
| 教学目标 | 知识目标 ||| 能力目标 ||| 素质目标 ||
| 教学目标 | （1）掌握干燥工艺流程及流化的原理；<br>（2）掌握关键参数分析 ||| （1）能初步确定干燥操作关键参数；<br>（2）能操作干燥设备 ||| （1）培养工程技术观念；<br>（2）增强节能、环保意识和严格按操作规程实施安全生产的职业操守 ||
| 学习者特征 | 优势：通过前期学习，学生对物料性质、流体流动等传质技术，化工仿真软件操作等较为熟悉；喜好形象生动互动较多的信息化课堂和实践动手操作，具备一定的自主学习能力。<br>不足：抽象思维及空间想象能力较弱，对抽象的理论学习兴趣不高 |||||||
| 教学重点难点 | 教学重点 |||| 教学难点 ||||
| 教学重点难点 | 关键操作参数分析及流化原理 |||| 干燥操作关键参数确定 ||||
| 教学策略选择与设计 | 以学院食堂一批返潮小米为载体，以工艺认知掌握工艺流程—仿真分析找出关键参数—工艺实操确定关键参数为任务主线，依托化工单元实训中心，采用任务驱动、情境创设、问题引导、小组协作等方法，利用云班课、微课、动画、二维码、在线化工仿真软件、实训设备等资源，课前通过班课导学学习干燥工艺流程进行仿真训练，课中将知识内化以掌握工艺流程和仿真操作、确定关键参数、完成小米干燥实操，课后通过实操报告撰写、仿真操作优化及考核自测巩固关键参数确定及操作。利用微课、动画等资源展示原理及流程，利用仿真操作结果及动画分析引导学生找到关键参数，利用现场实操数据直接确定关键参数范围，结果直观可视，学生易于理解，做中学，学中做，理实一体，虚实结合，化解教学重难点；借助云班课实时评价学生表现，实现教学做评合一，有效激发学生的学习兴趣，提升学生的自主学习能力，达成教学目标 |||||||

续表

| 标题 | 干燥技术—工艺实操 | 学时 | 45分钟 | 课程 | 化工单元操作 | 授课班级 | 应用化工专业大二学生 |
|---|---|---|---|---|---|---|---|
| 教学环境与资源准备 | 教学准备 | | 授课教材 | | 教学场地与资源平台 | | |
| | 教学课件 | | 《化工单元操作》《化工单元操作实训》《化工生产仿真实训》 | | 教学场地：化工单元实训中心 | | |
| | 微课资源：工艺流程微课 仿真操作微课 实操规范微课 | | | | 资源平台：蓝墨云班课教学平台 化工仿真教学平台 | | |
| 教学环节时间分配 | | 教学内容与目标 | 教师引导 | | 学生活动 | | 资源与手段应用 |
| 课前导学 | | 1. 下发课前学习任务单 | 下发学习单 | | 自主学习 | | 微课；动画：蓝墨云班课平台学习、自测、成绩统计；在线仿真训练并后台成绩统计分析 |
| | | 学生通过云班课平台资源学习初步掌握工艺流程、仿真操作、现场操作规范，并提出问题 | 上传资源于平台，统计分析学生自测情况和仿真训练情况，了解学生自主学习疑问，有针对性地在课堂教学设计工艺认知答疑和仿真演示及答疑环节 | | 云课堂移动平台学习工艺微课、设备结构动画、仿真操作微课，并进行理论知识自测自查以及在线仿真训练，了解干燥工艺及其开停车操作 | | |
| 课中内化 | 任务引入一分钟 | 2. 知识回顾 3. 引入任务 | 创设情境：引导学生回顾已学知识，并通过创设情境引入本课任务，小米干燥。确定分组。确定任务环节 | | 结合课前自主学习和所学旧知考虑如何完成本课任务。工艺有哪些疑问？仿真有哪些疑问？ | | PPT 实训设备 |
| | | 环节一：工艺认知掌握干燥流程（5分钟） | | | | | |
| | | 1. 微课回顾 | 播放视频 | | 认真观看视频，回想工艺问题 | | 微课 |
| | | 2. 工艺认知问题解答 | 课堂展示学生工艺讨论区疑问，引导学生回答 | | 结合所学知识，进行问题解答 | | PPT 云班课讨论区截图 |
| | | （1）设备选择问题 | 通过提问引导学生思考为什么选用流化干燥器 | | 自主作答，说明不选择气流和转筒干燥器的原因 | | — |
| | | （2）废气循环问题；确保学生掌握干燥工艺流程 | 通过案例引导学生思考此工艺中为什么不对废气进行循环利用以降低能耗 | | 经老师引导，掌握废气循环的基本条件即循环价值，对生产成本的影响 | | PPT |

续表

| | | 环节二：仿真分析找出关键参数（14分钟） | | | |
|---|---|---|---|---|---|
| 课中内化 | 任务实施39分钟 | 1.仿真成绩展示 | 通过教师端仿真训练成绩截图，分析课前操作情况，并引出学生仿真操作质疑 | 通过成绩展示了解同学训练情况，思考自己操作中遇到的问题 | 在线仿真平台教师端成绩展示 |
| | | 2.仿真操作解疑 | 课堂展示学生仿真讨论区质疑，引导学生回答 | 结合自己的仿真操作，思考问题答案 | PPT云班课讨论区截图 |
| | | （1）泵操作时阀门的开关顺序问题。仿真中要求先开前后阀再开泵，而部分同学认为应先开泵再开后阀以保护电机 | 展示学生对泵操作的质疑，引导学生思考泵的正常操作 | 经老师引导，学生确定此处应和泵的类型有关 | PPT |
| | | （2）班课测试区此处泵可能的类型 | 提问：此处泵可能的类型？（班课多选题）教师揭晓正确答案并统计学生作答情况 | 学生班课作答 | 云班课测试；PPT |
| | | 风机操作时旁路放空阀的作用。仿真中要求先开旁边放空阀，再开风机，然后调节主路气量，有同学对旁路放空阀的作用有疑问 | 展示学生对风机旁路阀作用的质疑。通过提问：风机有调节频率吗？开大阀门，主风流量怎么变化？关小又怎样变化？引导学生思考旁路放空阀的作用，主要用于手动调节主风流量 | 经老师引导，确定旁路放空阀的作用 | PPT |
| | | 3.仿真操作展示 | 登陆在线仿真平台，邀请学生现场展示仿真操作，了解学生操作情况并进行操作评价和分析。 | 一位同学展示，其他同学观看纠错，思考影响操作的关键因素。 | 在线仿真平台学生端 |
| | | 4.找出关键参数 关键参数—干燥温度；通过课前仿真错误操作的评分界面展示，分析干燥温度对干燥效果的影响 | 引导学生从仿真评分知道干燥温度对干燥效果的重要性；给定60 ℃、70 ℃、80 ℃、90 ℃四个温度供学生选择，稍后用实操验证 | 经老师引导学生确定关键参数干燥温度，选择最合适的小米干燥温度，并说明理由 | 在线仿真平台学生端 |

续表

| | | | | | |
|---|---|---|---|---|---|
| 课中内化 | 任务实施39分钟 | 环节二：仿真分析找出关键参数（14分钟） | | | |
| | | （1）关键参数—风量。<br>固体在气流中的状态对干燥效果也有很大影响 | 引导学生思考影响干燥效果的又一关键因素是固体在气流中的状态，并邀请一位学生在仿真界面上展示不同风量下的流化效果。引导学生得出风量是操作关键参数之一的结论 | 经教师提问引导得知化效果是影响干燥效果的重要因素。并通过一位同学的展示了解到风量对化效果的影响，从而得出风量是操作关键参数之一 | 在线仿真平台学生端软件流化状态演示 |
| | | （2）关键参数—风压。<br>根据流化原理分析得知，影响流化效果的主要因素是由密度、粒径及风压决定。合适的粒径范围为30μm～6μm。合适的风压范围通过受力分析初步确定 | 提问：<br>风量多少能正常流化？<br>引导学生思考需从流化原理来分析。<br>动画展示流化状态引导学生得知最佳流化状态为沸腾流化。<br>提问：如何使固体沸腾流化呢？<br>引导学生从受力分析来看流化，得知影响流化效果的主要因素。<br>提问：所有固体都能被流化吗？<br>引导学生思考颗粒的上限和下限，分析合适的粒径范围 | 观看动画思考最佳流化状态。<br>通过问题引导从受力分析看流化状态，得知影响流化效果的主要因素。<br>通过引导分析得到合适的粒径范围，并通过受力分析确定合适的风压范围 | 动画<br>PPT |
| | | 关键参数总结：<br>通过以上分析得出关键操作影响流化的风量和风压、影响汽化速率的温度 | 归纳总结：<br>找出干燥操作关键三因素，风量、风压和温度 | 理解关键参数，并思考小米干燥适用的操作参数 | PPT |
| | | 环节三：现场实操确定关键参数（20分钟） | | | |
| | | 1. 确认岗位，明确职责。<br>仿真中一人能完成所有任务，但现场则必须有一个团队完成，学生确定好主副操并贴牌，主操负责DCS控制与操作，副操负责现场操作与巡查。注意团队分工协作。有序进入现场，戴好安全帽，等待老师指令，现场由企业专家共同指导 | 引导学生讨论确定主、副操岗位。强调生产要求，明确各岗位职责。<br>指导学生有序入场 | 讨论确定主、副操，并确定岗位职责 | 主、副操牌<br>实训设备<br>安全帽 |

137

续表

| 课中内化 | 任务实施39分钟 | 环节三：现场实操确定关键参数（20分钟） | | | |
|---|---|---|---|---|---|
| | | 2. 熟悉现场，确定流程。<br>认知设备及流程，可通过二维码扫描了解设备原理及工艺流程 | 下达熟悉现场指令，巡回指导，确保安全，解答现场疑问 | 有序进入现场 | 实训设备<br>二维码 |
| | | 3. 确认参数，现场开车。<br>根据实操规范微课及教师制定参数实施现场开车，调试参数至正常 | 下达开车指令，四组分别设定操作温度为60℃、70℃、80℃、90℃，解答现场开车调试疑问 | 熟悉设备、流程及操作规程，可借助二维码扫描学习 | 实训设备 |
| | | 4. 连续加料，调试参数。<br>连续进料0.5kg，调试参数至正常流化状态，干燥10分钟 | 下达进料指令，巡回指导，确保安全，解答加料调试疑问 | 主操分配副操岗位，下达操作指令，完成开车及调试操作 | 实训设备 |
| | | 5. 停车采出，称重记录。<br>干燥时间到，各小组停车采出，称重记录，整理现场后，回到教室将数据书写于白板 | 下达停车指令，巡回指导，确保安全，指导称重记录数据 | 主操下达进料指令，完成加料及调试操作 | 实训设备 |
| | | 6. 成果分析，操作评价。<br>专家点评现场操作。<br>成果分析确定最佳操作参数。<br>教师现场操作点评。<br>学生课后进行组内评分 | 引导学生通过比较实操数据得到最佳操作条件。并对各小组从操作规程、操作规范、团队协作、数据调节、安全意识、节能环保等方面进行考核评价 | 主操下达操作指令，完成停车出料操作，并称重记录。<br>比较实操数据得到最佳操作条件，并及时总结操作经验，为下一次实操任务做好准备 | 电子秤<br>白板<br>PPT |
| | 任务拓展4分钟 | 播放视频：流化干燥在药品干燥过程中的应用案例 | 通过播放视频引导学生了解流化干燥在药品干燥领域的应用，了解为满足不同物料流化干燥的各种类型的流化干燥器 | 通过观看视频了解不同物料不同流化设备的干燥过程 | 视频 |
| | 小结评价1分钟 | 课堂内容小结和学生课堂表现评价 | 总结本次课教学内容，评价学生本次课表现，激励学生你追我赶，形成良性竞争，学好每一堂课 | 梳理本次课学习内容，总结经验 | PPT |

续表

| | | | | |
|---|---|---|---|---|
| 课后巩固 | 梳理理论知识，完成自测并讨论。结合操作视频总结操作经验，完成实训报告并讨论，为下一步的轮岗操作训练做准备。<br>通过在线仿真平台反复练习干燥操作与控制，优化过程，讨论确定最优操作方案。<br>查阅资料，了解流化干燥新设备、新工艺等技术发展前沿，撰写新技术总结报告。<br>根据操作情况填写问卷调查一份，进一步改进教与学 | 教师端班课推送操作视频资料，实时了解学生自测、实操报告及流化技术总结报告完成情况并实时纠错解答或讨论。<br>教师端监控学生的操作情况，实时答疑并给予远程协助。<br>根据调查情况增补教学资源 | 综合自测，理论巩固提升；<br>结合总结操作经验，找出操作问题，撰写报告，并通过在线仿真平台练习干燥操作与控制，优化操作，确定最优方案。填写问卷调查并提出改进意见。查阅流化干燥技术相关资料，撰写总结报告 | 云班课<br>在线仿真<br>问卷调查<br>自测试卷<br>网络资源 |
| 作业 | （1）学生课后总结操作经验，完成干燥实操实训报告，为下一次的轮岗操作做好准备。<br>（2）在云班课自主完成干燥实操综合自测，强化巩固已学知识。<br>（3）查阅资料，了解流化干燥新设备、新工艺等技术发展前沿，撰写新技术总结报告 ||||
| 形成性评价 | 学生：评价小组成员的学习、操作参与度。<br>专家：评价学生操作规范及职业素养。<br>教师：从操作规范、开停车方案、团队协作、参数调节、安全意识、节能环保、课堂表现、实操报告等多方面进行评价。<br>整合课前、课中、课后过程性评价、主观性评价、总结性评价得到每位学生综合性评价得分 ||||
| 教学小结 | 本次课利用云班课下发了学习单以及丰富的微课、动画等资源便于学生课前的自主学习，利用在线仿真软件便于学生随时随地进行仿真训练；课前导学，课中内化，有效实现了课堂的翻转。<br>利用仿真结果及动画分析引导学生找出关键参数，利用实操数据确定参数范围，做中学、学中做，变抽象为直观，有力化解了教学重难点，提高了教学质量。<br>利用虚实结合的技能训练方式，虚拟世界反复训练，熟悉流程，优化方案；现场环节熟悉设备，掌握流程，动手实操，企业专家下课堂，辅助实训教学、强化操作规范，指出实训现场与企业现场的差别，零距离对接企业干燥岗位，有效提升了岗位操作的能力，培养了学生的工程观念，强化了安全生产、节能环保，规范操作的职业素养。<br>运用云班课智能化管理课堂教学，实时评价教学过程，激励学生主动学习，实时反馈教学效果，及时调整教学进度，有效提高了教学效率。<br>不足之处：在线仿真软件的功能有待升级，实操设备有待进一步升级，云班课资源库内容有待细化更新。<br>改进措施：根据教学目标优化仿真软件功能，升级实训设备，基于行业企业新技术、新工艺、新设备等扩充信息化典型案例库 ||||

## （四）案例实施效果及评价

该教学设计紧紧围绕专业培养目标中的核心要求，以学习情境为载体，以工作任务为主线，借助微课、动画、在线仿真软件等信息化资源，实现了部分教学内容小组形式的课堂小翻转，同时在课堂依托云课堂平台、理实一体化教室，利用实操设备、仿真软件等资源实现了虚实结合的教学模式，小组讨论确定仿真操作的关键参数，小组协作完成小米干燥的最终任务。任务主线明确且贯穿始终，将干燥操作所必须掌握的知识、技能，形象直观、由浅入深地呈现在学生面前，通过讨论、探索、交流和实操等方式，克服了传统教学"知识内容抽象、操作过程复杂、效果难以监测"等诸多难点，整个教学环节包括课前、课中、课后的小组表现及个人表现均被详细地记录于云课堂教学评价智能管理系统中，有效激发了学生的学习兴趣，提升了教学效果，有效达成了教学目标。

### 四、大型系统仿真教学设计总结

二维仿真软件已被广泛应用于职业教育的实践教学中，学生在"做中学、学中做"，学习成就感提升，学习积极性提高，既不必担心操作的安全问题，也不必担忧教学的成本及管理问题，有效促进了职业院校学生操作技能与理论知识的提升，同时解决了一直困扰实践教学的难题。

本节主要针对基于大型仿真教学平台的信息化教学设计，以化工类专业"干燥操作与控制"课程为例，进行了教学环境分析和教学理论分析，并由此确定对该课程采用"线上虚拟仿真教学平台＋线下现场实训设备"虚实结合的信息化教学设计，包括教学分析、教学策略设计、教学资源设计、教学过程设计、教学评价设计，实现了该课堂由传统教学到信息化教学的华丽变身。

## 第五节　基于沉浸体验式虚拟仿真软件的教学设计

虚拟现实技术（Virtual Reality，VR）是融合了计算机信息技术、多媒体技术、网络技术等多个技术，利用计算机系统创造一种包括视觉生成、立体显示、三维图形、传感感知等的模拟环境。用户通过传感设备体验该模拟环境，可以进行自然交互，是一种通过计算机系统创建的虚拟现实。目前已被广泛应用于各个领域，包括航空航天、工业生产、教育教学等。

在教育教学中，将虚拟现实技术应用于实践教学，相较于二维仿真技术教学，能产生更好的人机交互体验，更具真实感、体验感，改变了传统二维教学中平面、单一甚至是枯燥的教学场景，让学生在立体、形象、逼真的实践环境中提高知识应用和技能水平。目前高职院校的专业大部分实现了虚拟仿真教学，通过虚拟仿真教学软件的运用，可以让学生快速掌握技能；有效解决了职业教育中学生因实训、实习难导致的操作技能水平不高的问题，为学生高质量的就业奠定了基础。

基于沉浸体验式虚拟仿真软件的教学设计是指在教学实施过程中，学习者利用虚拟仿真软件在逼真的模拟场景中进行实操训练，教师通过虚拟场景的情境变化引导学生通过观察、分析等方法确定操作步骤，加深对理论知识的理解，完成虚拟场景模拟工艺的生产操作，提高学生的操作技能，是促进学习者全面发展的一种教学方式。

如何利用沉浸体验式虚拟仿真软件进行教学设计？我们以一位老师，由传统二维仿真教学到三维虚拟仿真教学的转变为例，详解基于沉浸体验式虚拟仿真软件的教学设计理念、实施与效果。

## 一、沉浸体验式虚拟仿真软件教学设计基础

### （一）沉浸体验式虚拟仿真软件教学环境分析

该类教学设计主要面临的是大型生产现场的虚拟环境，它利用虚拟现实技术创建一个生产车间的虚拟世界，或制造一种实际生产的虚拟环境，运用一些奇特的输入输出设备，使用者不单可以和虚拟环境中的对象进行交互，而且可以实时体验和移动存在于虚拟世界中的各种奇幻物体，通过眼睛视觉，手的触觉和耳朵的听觉取得真实的感受，身临其境一般、按照用户体验虚拟现实形式的不同和沉浸程度不同可以分为四类。

1. 桌面式虚拟现实

桌面式虚拟现实是应用最为方便、灵活的一种虚拟现实系统，它使用计算机屏幕作为使用者察看的窗口，充分运用交互技术和高逼真的 3D 技术产生

一个交互虚拟情境，使用包括键盘、鼠标这些基本的计算机输入设备操控虚拟世界，实现与虚拟世界的交互。桌面式虚拟现实实现的成本较低，应用方便灵活，对硬件设备要求较低，在使用的过程中，还可以借助立体投影仪，增大显示屏幕，以实现沉浸感和多人观看。该教学过程中利用的就是这种桌面推演类型的虚拟现实软件。

2. 沉浸式虚拟现实系统

沉浸式虚拟现实系统不同于桌面式虚拟现实，它提供了一种完全沉浸式的虚拟感知体验，这种虚拟仿真环境是由计算机技术创造的一个即时的3D虚拟世界。在这个虚拟世界中，用户可以进行操作和探索，产生一种仿佛在真实世界一样的感觉。设备方面需要头盔式显示器还有三维鼠标，数据手套等，所以成本较高，但沉浸效果较好。

3. 增强式虚拟现实系统

增强式虚拟现实不仅能仿真现实世界，而且能够增强现实中无法获得的体验。操作者通过叠加在真实环境上的图形信息以及文字信息，能更好地操作、维护、修理设备，而不需要查阅维修手册。例如汽车的知名厂商宝马汽车公司在2014年开发出一款新智能眼镜，这款智能眼镜的独特之处是当修理工戴着具有增强现实功能的眼镜注视宝马汽车的发动机时，一个彩色3D显示屏就会覆盖在原始发动机画面上方，它提供了处理维修车辆故障的具体操作步骤，具体到可以显示出该拧哪一个螺丝。

4. 分布式虚拟现实系统

分布式虚拟现实系统是在虚拟现实技术的基础上叠加网络技术而形成的产物，它可以通过网络把很多不同区域的用户联结到这个虚拟世界中来，每个用户可以同时出现在同一个虚拟空间中，用户间进行交互，合作完成任务，感知虚拟经历。

虚拟现实技术应用于教育领域，可以在内容呈现和场景呈现两个方面实现突破。通过构建逼真的三维教学环境，很多复杂的、日常生活难以体验的知识和概念将更容易被学习者理解和接受，进而提高知识的传递和内化效率。VR教学将传统的单向教育转化为认知交互和沉浸式体验模式，学生被带入宏观和微观的虚拟世界中，身临其境地观察、探究，在这一过程中，学生的兴趣和好奇心被激活，学习的主动性有所增强。

## （二）沉浸体验式虚拟仿真软件教学模式选择

如何将沉浸式虚拟仿真软件有效地应用于专业教学中呢？为此，一线教师也积极地进行了这方面教学改革的探索，并取得了一定的成效。目前正被广泛采用的是"线上＋线下"混合式闯关教学新模式，它能结合"线上"反复训练和"线下"重点突破的优点，最大程度地发挥沉浸式虚拟仿真环境下场景逼真、体验感强、游戏感强的作用，有效激发学生的学习积极性，提升教师的教学效率。以下是该模式下常用的教学策略和教学方法简介。

### 1. 教学策略的选取

"线上＋线下"混合式闯关教学新模式是通过线上反复多次的训练熟悉流程、熟悉操作，通过线下面对面交流，突破学习的重难点，将知识内化，促进学习能力及职业技能的提升。

该模式一般采用课堂翻转的教学策略。翻转课堂指教师不占用课堂时间来讲授知识，而是通过学生在课前观看视频讲座、收听播客、阅读功能增强的电子书、网络讨论等完成自主学习；课上则使学生更专注于主动的基于项目的学习，从而获得更深层次的能力提升。翻转教学将学习流程分为两个阶段，即"知识传递"过程与"知识内化"过程。按布鲁姆的教育目标分类理论，认知领域的教育目标分为知道、理解、应用、分析、评价和创造六个层次。这六个层次是从简单到复杂，难度不断加深的过程。"知识传递"（知道、理解）过程解决的是"是什么"的问题，"知识内化"（应用、分析、评价、应用）过程解决的是"为什么"的问题。总体上对于"是什么"问题的解决相对容易。但对于学习而言，停留于"是什么"是远远不够的，因为知识是材料，是工具，是可以量化的"知道"，只有让知识进入人的认知本体，渗透到人的生活与行为，才能转化为素养。比知道知识"是什么"更重要的是知识的发生、知识的发展、知识的应用、知识与知识之间的相互联系等，即"为什么"的问题。学习是认知结构的组织和重新组织，是把有内在逻辑联系结构的教材与学生原有的认知结构关联起来，新旧知识发生相互作用，以使新材料在学生头脑中获得新的意义为结果。明白"为什么"的第二个阶段往往比第一个阶段更难，这是因为一些学生满足于浅尝辄止、一知半解，更多的学生在内化感悟中由于自身掌握的知识量偏少，或者找不到自身所掌握的零碎知识中哪个部分可以与新知识进行"关联"，因而形成挫败感，也因此丧失了学习动机与成就感。这时最需要的就是教师的点拨和与同伴的协作讨论。

传统的教学结构一般是教师白天在教室上课传授知识，学生课后通过做作业感悟巩固，将难度最大的学习环节（内化知识、高级思维学习，极其需要教师的点拨和同伴的协作讨论）错误地安排在最不利于解决最大困难的环境（课外环境、得不到交流、得不到支援、得不到启发）中，将适合自由、自主学习的环节（传授知识、初级思维学习）安排在一切由教师掌控的课堂中。翻转课堂，正好相反，拨乱反正，它的最大魅力在于实现了自主学习与互动学习的有机结合，在于给不同的学习阶段匹配了最合适的学习环境。接受知识，能灵活掌握时间和方式；知识内化，互动交流，教师点拨。由于安排得当，学习的内在驱动力得到激发，学习的全过程是一次主动、愉快的"探究之旅"。

2. 教学方法的选择

课堂翻转的教学策略是课前学习、课中解疑，与传统教学的方式正好相反。课堂上减少讲授性知识的学习，转而更加有针对性地解决了学生学习的难点，正如医学中所说的"对症下药"，有效提高了课堂教学的效率，也满足了学生学习的个性化需求。而对于沉浸体验式的教学环境，多为多人协作的工作场所，学员既要责任明确、各司其职，又要共同协作、相互配合。故在这类教学中多采用角色扮演、小组协作等教学方法，在此重点介绍角色扮演法。

角色扮演教学模式的理论是从美国社会学家范尼·谢夫特和乔治·谢夫特的《关于社会价值的角色扮演》中演绎过来的。它是以社会经验为基础的一种教学模式，具有一定的社会性、实用性。角色扮演模式的学习属于情境学习，学生站在所扮演角色的角度来体验、思考，从而构建起新的理解和知识并培养生活必备的能力。它是一种以发展学生为本，把创新精神的培养置于最重要地位的学习方式，整个教学过程始终渗透着师与生、生与生之间的交流合作，体现教师的主导，学生的主体地位。它要求教师创设亲密无间的师生关系、和谐的教学气氛，把教师对学生的满腔热情渗透到课堂教学的控制与设计中，以充分发挥主导的作用，有助于学生自主学习能力和探究创新能力的提高。有这样一句英语格言："只是告诉我，我会忘记；要是演示给我，我就会记住；如果还让我参与其中，我就会明白"，"角色扮演"的作用显而易见。

## 二、沉浸体验式虚拟仿真软件教学设计思路

基于沉浸体验式虚拟仿真软件进行的教学设计应以"学生为主体"为原

则，遵循教学设计的基本流程，首先对教学目标、学习者特征及教学内容进行分析，确定教学目标及教学重难点；然后充分利用"线上+线下"沉浸体验式虚拟环境教学条件选择合适的教学模式、教学策略、教学方法，并进行相应教学资源的开发或重构；再次根据确定的教学策略及方法进行教学组织与实施的过程设计，确定具体的教学实施步骤及教学考评模式；最后对教学实施效果进行评价总结及教学反思，进一步优化教学设计。

### （一）沉浸体验式虚拟仿真软件教学设计要点

针对于此类教学环境的教学过程，其教学设计的要点在于教学策略的选取、考评方式的选择及教学过程的组织实施，即采用何种方式、何种方法、何种手段、何种考评以最大化利用"线上+线下"沉浸体验式虚拟仿真的优质教学条件，激发学生的学习兴趣，提高教学效率，促使高效达成三维教学目标。以下是对设计要点的具体介绍。

#### 1. 学生中心、任务驱动

应设定难度适中的学习任务，任务既要有一定的挑战性，同时又要使学生有完成任务的成就感。任务无难度，学习则无成就感；任务难度太大，则导致学生直接放弃学习，因此难度适中尤为重要。任务设定最好设定相应的子任务，并提供一定的任务完成思路及资源，引导学生自主学习、逐步完成任务，而在完成任务中遇到的困难和问题则作为课内需要重点解决的问题。此模式的教学过程开展要充分调动学生，学生要自主学、自主问、自主探究，而教师则应在课前及时了解学生任务完成的难点，调整教学计划，引导学生自己解决问题，完成任务，最终实现知识的内化和能力的提升。

#### 2. 角色扮演、游戏闯关

沉浸体验式虚拟仿真的特点是场景犹如游戏竞技场，设定了多个角色，且每个角色都有自己的职责、任务和技能，故此类教学环境多采用角色扮演法进行教学。角色扮演可让学生在愉悦的类游戏场景的教学环境中，充分体验职场氛围及岗位操作，教学气氛轻松活跃。角色扮演要注意设定合适的考评方式，需要满足一定的要求才能进行下一步的操作，或者是更换角色，就犹如游戏闯关，要让学生有成功闯关的成就感，让学习停不下来，从而做到真正的快乐学习。

3．小组协作、岗位轮训

一般的生产如一个简单的化工生产流程，通常需要由值班长、内操员、外操员、安全员等多名成员组成的生产班组来实施生产。因此在教学过程中小组协作的教学模式是必要的。教师应按专业基础进行分组，确认岗位，并严格按岗有序操作、分工协作。任务训练应严格按岗位职责考评，不容串岗，以使学生更加明白团队协作需要分工明确。为提升学生的岗位迁移能力，还应在一轮训练后进行岗位轮训，直至每位同学将所有岗位轮训一遍。

### （二）沉浸体验式虚拟仿真软件教学设计原则

在此类教学环境的设计过程中，因教学内容多涉及职业岗位实践动手能力的培养，故需坚持以下三点基本原则。

1．学生主体原则

设定难度适中的任务，充分体现"学生学"的主体原则，提供合适的学习、训练资源，引导学生探究性地逐步完成任务。

2．小组协作原则

教学中采用小组协作的教学模式，分组探究实施任务；展开组间评比，强化团队合作意识；展开组内评比，以良性竞争的形式促进学生自身技能提升。

3．多方多元评价原则

此类环境的教学考核应坚持多方多元评价的原则，多方指师一生、生一生以及企业专家、社会人士等的评价，多元指课堂表现、课堂小测、期末笔试、实操、方案撰写等过程性评价和终结性评价。通过此种方式可以全面、客观地组织学生考核，从而避免传统考核有失偏颇的弊端。

### （三）沉浸体验式虚拟仿真软件教学注意事项

1．设定任务切忌过大，最好设定相应的子任务，引导学生逐步完成任务。任务过大会导致学生无从下手从而失去学习积极性。

2．注意课前交流的时效性，及时了解学生的学习情况，调整教学预设。

3．注意小组成员的合理搭配，一定要注意按岗位职责进行考核，杜绝串岗行为。

4．实操过程考核或者方案设计考核切忌教师单独评价，最好是结合学生自评、学生互评、教师评价及企业专家、社会人士评价来进行综合评价。

## 三、沉浸体验式虚拟仿真软件教学设计案例

### （一）沉浸体验式虚拟仿真软件教学案例引入

某职业院校黄老师从教数十年，一直负责化工类专业"石油加工生产技术"课程的教学工作。"石油加工生产技术"是石油化工类专业必修的核心课程，包括原油性质、原油评价、原油加工方案、原油常减压蒸馏、催化裂化、加氢裂化、催化重整等11个项目。为此，学院配备了相应的仿真软件以及相应的工艺实训设备供教学使用，表6-8为"原油常减压蒸馏操作事故分析及处理"的教学设计。

**表6-8　"原油常减压蒸馏操作事故分析及处理"的教学设计**

| 原油常减压蒸馏操作事故分析及处理 ||||
|---|---|---|---|
| 地点 | 机房 | 教学方法 | 提问法、讨论法、归纳法 |
| 课业内容 | 原油常减压蒸馏操作事故分析及处理 || 课型 |
| ^ | ^ || 理实课 |
| 教学目标 | 知识：熟知常减压工艺流程；掌握工艺操作与控制基本要点 | 技能：能够对事故进行应急处理、查找原因、并恢复至正常控制 | 态度：培养学生的工程技术观念；培养学生应用所学知识解决工程实际问题的能力 |
| 教学重点 | 常减压蒸馏事故处理 | 教学难点 | 常减压事故分析 |
| 教学步骤 | 教学设计 | 学生活动 | 时间分配/分钟 |
| 常减压开停车操作复习 | 1. 教师提问<br>简述工艺流程。简述开车总流程。关键控制指标有哪些？<br>2.总结学生问题回答情况，引入本次课主题事故分析及处理 | 1. 回答问题<br>要求掌握工艺流程、操作流程及关键控制指标；<br>2. 探讨发生紧急事故时该如何应对 | 10 |
| 视频引入确定任务 | 通过炼油厂常减压蒸馏泄露着火事故视频引入本次课任务 | 观看视频，熟悉事故现场，了解事故发生现象 | 10 |
| 事故分析措施讲解 | 引导学生根据事故现象判断事故原因，并通过仿真软件演示事故应急处理及恢复正常操作 | 熟悉开车流程，了解操作要点和操作参数控制 | 35 |

续表

| 课业内容 | 原油常减压蒸馏操作事故分析及处理 | | 课型 |
|---|---|---|---|
| | 原油常减压蒸馏操作事故分析及处理 | | 理实课 |
| 事故处理反复练习 | 巡回指导，总结学生操作方案；发现学生操作问题并进行相应处理 | 练习事故处理操作；总结操作方案及操作问题 | 25 |
| 操作总结拓展提升 | 针对学生操作问题，进行操作要点强化；组织学生讨论事故处理方案，优化操作 | 强化现场分析，正确判断事故，分析操作问题，进一步明确操作要点 | 10 |

  该教学内容为石油炼制龙头工艺，又称原油一次加工，其后续二次加工装潢的原料及产品都是由该工艺提供。常减压蒸馏主要是通过精馏过程，在常压和减压的条件下，根据各组分相对挥发度的不同，在塔盘上汽液两相进行逆向接触、传质传热，经过多次汽化和多次冷凝，将原油中的汽、煤、柴馏分切割出来，生产合格的汽油、煤油、柴油及蜡油、渣油等，其对应的石化产业在国民经济中地位重要。但因其理论知识抽象、工艺流程复杂、设备内部结构不可视，导致学生学习难度较大，教学效果一直不佳。且因其工程性强不易操作，实操机会甚少，更增加了理论及实操教学的难度。虽然现代教学已经广泛地采用了图片、动画、视频来展示设备结构及工艺流程，也利用了二维仿真技术进行仿真工艺实操，但学生对现场环境、生产场景、实际操作依然感觉很陌生。因此，亟待开发一款模拟现实可视、立体、感官的仿真软件来解决这一教学难题。目前，东方仿真软件技术有限公司开发的常减压3D仿真软件正好满足了这一需求。利用该虚拟软件进行实操教学有效避开了现场教学环境嘈杂、安全性差、不好管理，以及二维仿真教学设备抽象、现象抽象，没有真实感等问题，将复杂的现场工艺装进了电脑，把现场实训基地搬进了机房以及互联网平台，学生沉浸在基于石化生产真实场景的模拟环境中，得以尽情地体验生产场景、现场操作等，有效激发了学生的学习兴趣，教学效果显著提高。那么，基于沉浸体验式虚拟仿真软件的教学该如何设计与有效实施呢？

### （二）案例分析

#### 1. 教学内容分析

本课是石油化工技术专业五大核心课程之一，主要内容是原油加工工艺相关知识，包括原油及油品性质、原油加工方案、常减压蒸馏、催化裂化、催化重整、加氢裂化等，直接对接石油化工类企业相关流程及相关岗位，其工程性、实践性、技术性非常强。该课堂的教学内容为常减压蒸馏泄露着火事故处理，利用虚拟仿真软件采用课堂翻转模式教学，所需课时为 90 分钟。

2. 学生学情分析

授课的对象为石油化工技术专业大二学生，通过前期学习，学生对常减压流程、常减压工艺参数调试、常减压工艺操作与控制等较为熟悉；喜好实践动手操作，具备一定的自主学习能力；但对抽象的工艺理论学习兴趣不高。

3. 教学目标分析

在化工行业及职业岗位群的需求调研基础上，结合企业专家意见，依据专业人才培养方案、课程标准确定了本次课的知识、技能、态度三维教学目标。知识目标为熟知常减压工艺流程，掌握工艺操作与控制基本要点。技能目标为能够对事故进行应急处理、查找原因、并恢复至正常控制。态度目标为培养工程技术观念；增强节能、环保意识和严格按操作规程实施安全生产的职业操守。

4. 教学重难点分析

教学主要内容为常减压蒸馏泄露着火事故处理，教学重点则为泄露着火事故处理操作。因事故发生时现场状态较为复杂，即同样的现象可能是事故一，也有可能是事故二，故需对现场进行仔细观察，根据多种异常状况举证确认事故；要求学生对事故现象、可能产生事故的原因、工艺操作现场非常熟悉，学生掌握难度相对较大，故教学难点为常减压泄露着火事故分析。

5. 教学策略分析与设计

（1）自主学习策略

学生通过独立思考常减压蒸馏事故现象与工艺流程、工艺操作的关系，判断事故发生的地点、原因，启动事故处理应急预案，并使工艺生产恢复至正常，促进学生对工艺事故分析及处理更深层次的思考，提高课堂参与度。

（2）游戏激发策略

学生进行虚拟三维模型仿真软件操作像是置身游戏竞技场地，有效点燃了学生学习的积极性和旺盛的求知欲。尽管工艺流程复杂、事故较难判断、工艺操作与控制及事故应对处理难度大，但在愉悦的类游戏场景的教学环境中，教学气氛宽松活跃，学生真正实现了快乐地进行专业学习，提高了教学效率。

（3）角色扮演策略

该项目任务是常减压蒸馏泄露着火事故处理，需设定值班长、内操员、外操员、安全员等多个角色才能完成该事故的应急处理及恢复正常运行，各岗位职责明确，要求学生必须严格按照角色分配执行岗位职责和操作任务，小组协作共同完成该次着火事故的判断分析和应急处理。可进行小组间岗位轮换，以确保学生完成所有岗位的体验训练，使学生零距离对接企业岗位操作，体验真实的职场环境，提高学习兴趣。

（4）小组协作策略

该项目事故模拟是按照真实生产场景来设置的，因此需由一个完整的生产班组来对该事故进行规范的处理操作。生产班组包括值班长、内操员、外操员、安全员等多名成员。整个任务包括事故报告、事故判断、应急预案启动、现场调试、现场操作与控制等，均由班组严格按岗有序操作、分工协作，其岗位职责明确，不容串岗。小组协作使学生更加明白了团队协作需要分工明确，只有这样才能有效提高任务完成的效率。

（5）课堂翻转策略

课前，教师将事故现象、原因分析、事故处理的相关学习资料以学习任务单的形式下发给学生，要求学生课前在在线仿真平台练习泄露着火事故处理操作，实现学生课前的自主学习和师生间课前的在线互动交流。课中，教师引导学生带着问题积极主动地完成项目的探索学习，将工艺流程、事故现象、事故原因分析、事故应急处理、工艺稳定操作与控制等知识或技能有效内化，有效实现课堂翻转，满足不同层次学生个性化学习的要求，强化学生的自主学习能力。

综合以上分析，该项目确定采用自主学习、游戏激发、角色扮演、小组协作、课堂翻转等策略，以事故现象确定、事故原因分析、事故应对处理为任务主线，依托化工仿真实训平台、云课堂平台，利用微课、视频、三维虚拟仿真软件等资源进行教学，变抽象为直观，使学生置身于画面和场景之中，突破教学重点，化解教学难点。

6．教学资源分析与设计

（1）微课视频资源

微课是指以视频为主要载体，记录教师在课堂内外教育教学过程中围绕某个知识点或教学环节而开展的精彩教与学活动全过程，时间一般为5～15分钟。微课具有教学时间短，学生注意力集中；教学内容少，学生容易记住等特点。该任务教学中，可将事故现场以真实的生产事故视频微课的形式展现给学生，帮助他们了解真实的事故现场，可将事故原因分析（该知识点为教学难点，抽象难解）录成简短的微课供学生反复学习，可将事故处理操作通过录屏制成简短的操作指南供学生操作时实时学习。微课在课堂上的应用有效提高了课堂教学效率，满足了学生学习的差异化需求，也满足了翻转课堂教学的需求。

（2）在线仿真实训平台

平台集资料（动画、视频、课件等）下载、在线交流、考试、在线仿真实训等众多功能于一体，便于学生主动学习，满足了学生的个性化学习需求。学生点击链接进入化工仿真实训学生端，登录进入常减压蒸馏3D虚拟仿真项目，即可通过"质量评分系统"的提示进行项目开车、停车、事故处理等操作，并且可实时查看操作成绩。教师则在教师端实时查看学生的项目实施进度及效果，必要时进行适当的远程协助，并记录评分。

（3）云课堂

及时推送学习任务及资讯、技术前沿、专业就业信息等，资源高度共享，能课前、课中、课后全过程学习的实时智能管理，加强了对学生学习过程的考核，学习任务犹如游戏闯关，完成可得积分，最后的总评分则由平时的课堂考核成绩和期末考试成绩按一定比例综合计算而得，即过程，评价和终结性评价，一般根据课程性质调整其分配比例，一般过程性评价占比40%～80%不等，理实课、实践课略高一些，本课程所占比例为50%。

7．教学活动与组织设计

（1）课前导学下发任务

课前，教师通过云课堂平台进行导学，下发任务单、学习单给学生，上传相应的学习资料，提供相应的仿真平台链接地址。学生则通过平台完成资料的学习，完成相应的自测考核和仿真事故的训练操作，并将学习疑问留言到课前学习讨论区，与老师、同学实时交流互动。教师则通过学生的学习情况、考核情况、仿真操作情况及讨论区在线交流情况，及时了解学生任务单完成情况，掌握学生存在的问题和困难，有针对性地对教学预设做出调整。

（2）课中释惑、完成任务

①任务案例引入。对已学相关知识进行梳理，自然过渡至新课内容，常减压蒸馏泄漏事故处理任务，要求学生从安全、节能、环保等生产需求出发，严

格按照岗位职责小组协作完成此事故的任务，确定教学环节为明确事故现象、分析事故原因、事故处理及恢复至正常生产。

②任务组织实施。环节一：明确事故现象。通过事故现场视频使学生了解事故现场的主要现象，引导学生对事故现场信息进行搜集整理，帮助学生有效判断可能的事故发生源，培养学生现场搜证以及快速判断事故源的能力。环节二：分析事故原因。通过微课使学生了解可能引起该事故发生的原因，并根据其对应的事故现象进行逐一排查，最终确定引起事故发生的根本原因，由此确定将工艺调整至正常运行状态的操作方案，培养学生自主探究、分析现场的能力。环节三：事故处理及恢复至正常生产。根据上一环节事故原因确定处理方案，并利用虚拟现实仿真软件，通过组间协作的方式完成事故处理且调至正常，教师引导组内讨论优化处理方案，实行岗位轮换制以保证每位同学都完成了每个岗位的训练，同时也通过反复多次的训练—优化—再训练—再优化……使事故处理方案得到进一步的完善。

③任务总结。归纳小结课堂教学内容，一为现场视频明确事故现象；二为微课视频分析事故原因；三为虚拟现实软件处理事故现场并将工艺恢复至正常生产。通过云平台评价各小组任务完成情况，进行小组评分和个人评分，激励每位同学积极参与课堂教学，激发学生学习的主观能动性，强调过程评价的重要性。

④任务强化拓展。课后，学生总结事故现象、事故原因分析、事故处理等经验，利用在线化工仿真实训平台反复练习泄露着火事故处理，强化操作，并对其他事故按照确定现象、原因分析、事故处理的步骤进行工艺调试使其恢复至正常运行状态。完成常减压操作与事故处理思考题，强化巩固已学知识。

8. 教学评价分析与设计

教学评价是以要达到的教学目标为根本，使用客观或者主观评判标准和技术手段，对教学活动过程以及效果进行判定。教学评价能判断出教学问题，给出反馈信息，教师得以及时调控教学方向，激发学生的学习热情，检验学生的学习效果。在该次常减压泄露着火事故处理的教学中，利用了云课堂平台对学生课前、课中、课后的学习、自测、课堂讨论、课前仿真、课堂仿真、课后仿真、课后思考题等多环节全过程评价学生的学习效果，引导学生进行质疑探究，积极实践，促进学生主动学习。

## （三）沉浸体验式虚拟仿真软件教学案例实现

以下是通过案例分析最终设计得出的教学方案，详细的教学过程、时间分配及相关的教学资源、评价方案见表 6-9。

表 6-9　原油常减压蒸馏泄露着火事故处理教学方案

| 教学课题 | 原油常减压蒸馏泄露着火事故处理 | | |
|---|---|---|---|
| 所属课程 | 石油加工生产技术 | 教材 | 《石油加工生产技术》 |
| 学时 | 2 学时 | 授课对象 | 石油化工专业大二学生 |
| 一、课业内容与教学目标 ||||
| 1. 课业内容<br>常减压蒸馏为石油炼制龙头工艺，又称原油一次加工，其后续二次加工装置的原料及产品都是由该工艺提供，主要产品有汽油、煤油、柴油及蜡油、渣油等，在国民经济中地位重要。本次课该教学内容为常减压蒸馏泄露着火事故处理，任务实施主要教学环节为明确事故现象、分析事故原因、事故处理及恢复至正常生产<br>2. 教学目标<br>知识目标：<br>（1）熟练掌握常减压工艺流程；<br>（2）熟练掌握工艺操作与控制基本要点，了解事故现象、原因及处理措施。<br>技能目标：<br>（1）能实施常减压蒸馏过程的工艺操作；<br>（2）能够对事故进行应急处理、查找原因、并恢复至正常控制。<br>素质目标：<br>（1）培养工程技术观念；<br>（2）增强节能、环保意识和严格按操作规程实施安全生产的职业操守 ||||
| 二、学习者特征分析 ||||
| 优势：通过前期学习，学生对常减压流程、常减压工艺参数调试、常减压工艺操作与控制等较为熟悉；喜好形象生动的信息化课堂和实践动手操作，具备一定的自主学习能力。<br>不足：抽象思维能力较弱，对抽象的枯燥理论学习兴趣不高 ||||
| 三、教学重难点 ||||
| 教学重点：常减压蒸馏泄露着火事故处理操作；<br>教学难点：常减压蒸馏泄露着火事故原因分析 ||||
| 四、教学方法和设计依据 ||||
| 教学方法：采用自主学习、游戏激发、角色扮演、小组协作、课堂翻转等策略，以事故现象确定、事故原因分析、事故应对处理为任务主线，依托化工仿真实训平台、云课堂平台，利用微课、视频、三维虚拟仿真软件等资源进行教学，变抽象为直观，使学生置身于游戏画面场景之中，突破教学重点，化解教学难点。<br>设计依据：教学目标、学情分析、教学环境和资源配备 ||||

续表

| 教学课题 | 原油常减压蒸馏泄露着火事故处理 |
|---|---|
| 五、教学环境与资源准备 ||

1．学习环境
（1）化工仿真教学平台；
（2）网络覆盖

2．学习资源
（1）教材、课件、实训指导书；（2）化工仿真教学平台；（3）微课资源；（4）云课堂平台

3．学习资源内容简要说明
（1）使用教材：《石油加工生产技术》《化工操作仿真实训》；
（2）参考资料：《化工单元操作》《燃料油生产技术》；
（3）微课资源：以视频为主要载体，记录教师在课堂内外教育教学过程中围绕某个知识点或教学环节而开展的精彩教与学活动全过程，时间一般为5～15分钟。具有教学时间短，学生注意力集中；教学内容少，学生容易记住等特点。
　　本次课有三个微课资源，一为生产事故视频微课，供学生了解真实的事故现场；二为事故原因分析微课，该知识点为教学难点，抽象难懂，可供学生反复学习；三为事故处理操作指南微课供学生操作时同步学习，满足了学生学习的差异化需求，也满足了翻转课堂教学的需求，提高了课堂教学效率。
（4）云课堂平台：及时推送学习任务及资讯、技术前沿、专业就业信息等，资源高度共享

六、教学过程

| 教学步骤 | 教学设计（含内容、方法、手段、活动、任务、资料、教具、评价等） | 时间分配 |
|---|---|---|
| 课前导学任务下发 | 下发任务单、学习单；<br>教师通过云课堂平台进行导学，下发任务单、学习单，上传相应的学习资料，提供相应的仿真平台链接地址；<br>学生学习及师生交流；<br>学生通过平台完成资料的学习，完成相应的自测考核和仿真事故的训练操作，并将学习疑问留言至课前学习讨论区，与老师、同学实时交流互动；<br>反馈交流调整教学预设；<br>教师通过学生学习情况、考核情况、仿真操作情况及讨论区在线交流情况，及时了解学生任务单完成情况，掌握学生存在的问题和困难，有针对性地对教学预设做出调整 | — |
| 课中释惑完成任务 | 任务引入 | 对已学相关知识进行梳理，自然过渡至新课内容，常减压蒸馏泄漏事故处理任务，要求学生从安全、节能、环保等生产需求出发，严格按照岗位职责小组协作完成此事故的任务，确定教学环节为明确事故现象、分析事故原因、事故处理及恢复至正常生产 | 5分钟 |

续表

| 教学课题 | | 原油常减压蒸馏泄露着火事故处理 | |
|---|---|---|---|
| 课中感悟完成任务 | 任务实施 | 环节一：明确事故现象<br>通过事故现场视频使学生了解事故现场的主要现象，引导学生对事故现场信息进行搜集整理，帮助学生有效判断可能的事故发生源，培养学生现场搜证以及快速判断事故源的能力 | 15分钟 |
| | | 环节二：分析事故原因<br>通过微课使学生了解可能引起该事故发生的原因，并根据其对应的事故现象进行逐一排查，最终确定引起事故发生的根本原因，由此确定将工艺调整至正常运行状态的操作方法，培养学生自主探究、分析现场的能力 | 25分钟 |
| | | 环节三：事故处理及调试至工艺正常运行<br>根据上一环节事故原因确定处理方案，利用虚拟现实仿真软件通过组间协作方式完成事故处理且调至正常，教师引导组内讨论优化处理方案，且实行岗位轮换制既保证每位同学都完成了每个岗位的训练，同时也通过反复多次的训练—优化—再训练—再优化……使事故处理方案得到进一步的完善 | 40分钟 |
| | 任务总结 | 归纳小结课堂教学内容，一为现场视频明确事故现象；二为微课视频分析事故原因；三为虚拟现实软件处理事故现场并将工艺恢复至正常生产。通过云平台评价各小组任务完成情况，进行小组评分和个人评分，激励每位同学积极参与课堂教学，激发学生学习的主观能动性，强调过程评价的重要性 | 5分钟 |
| 课后强化拓展任务 | | 学生总结事故现象、事故原因分析、事故处理等经验，利用在线化工仿真实训平台反复练习该泄露着火事故处理，强化操作，并对其他事故按照确定现象、原因分析、事故处理的步骤进行工艺调试使其恢复至正常运行状态。完成常减压操作与事故处理思考题，强化巩固已学知识 | — |
| 评价总结 | | 利用了云课堂平台对学生课前、课中、课后的学习、自测、课堂讨论、课前仿真、课堂仿真、课后仿真、课后思考题等多环节全过程评价学生的学习效果，引导学生质疑探究，积极实践，促进学生主动学习 | — |
| 七、作业 | | | |

1. 常减压操作与事故处理思考题。
2. 在线化工仿真实训泄露着火事故处理考核，其他事故处理预习

八、教学反思

特色创新：利用了在线化工仿真实训平台及云平台进行教学，在线化工仿真实训平台实现了人人皆学、时时可学、处处能学的化工仿真实训，打破了化工实训时间和空间的限制。云平台实现了课堂教学过程的智能化管理。

不足之处：在线仿真软件的功能有待升级，信息化资源库内容有待细化更新。

改进措施：根据教学目标优化仿真软件功能，基于行企业新技术、新工艺、新设备等扩充信息化典型案例库

## （四）沉浸体验式虚拟仿真软件教学案例实施效果及评价

该教学设计紧紧围绕专业培养目标中的核心要求，以学习情境为载体，以工作任务为主线，依托云课堂教学智能管理平台，借助微课、视频、三维虚拟仿真软件等信息化资源，采用游戏激发、角色扮演、小组协作等方法，实现了该教学过程的课堂翻转。学生学习犹如游戏闯关，在真实模拟的环境中轻松完成整个事故处理的全过程，学生的自主探究学习能力、小组协作任务完成能力得到了较大提升。该教学过程任务主线明确且贯穿始终，明确事故现象、分析事故原因、进行事故处理，将常减压蒸馏开车、正常运行、停车、事故处理所须掌握的知识、技能，通过场景模拟形象直观、由浅入深地呈现在学生面前，通过讨论、探索、交流和协作的方式，克服了传统教学"知识内容抽象、操作过程复杂、效果难以监测"等诸多难点，整个教学环节包括课前、课中、课后小组表现及个人表现均被详细地记录于云课堂教学评价智能管理系统中，有效激发了学生的学习兴趣，阐明了教学重点，化解了教学难点，提升了教学效果，有效达成了教学目标。

## 四、沉浸体验式虚拟仿真软件教学设计总结

本节是基于沉浸体验式虚拟仿真软件的信息化教学设计，以石化专业"常减压蒸馏泄露着火事故处理"课程为例，进行了教学环境分析和教学理论分析，并由此确定对该课程采用虚拟现实仿真软件进行课堂的信息化教学设计，包括教学分析、教学策略设计、教学资源设计、教学过程设计、教学评价设计，实现了该课堂由传统教学到信息化教学的华丽变身。

# 第七章
## 高等职业院校的信息化教学应用

第一节　高等职业院校课堂信息化教学优化策略

第二节　高等职业院校课堂信息化教学发展策略

第三节　高等职业院校课堂信息化教学的应用措施

# 第一节　高等职业院校课堂信息化教学优化策略

## 一、高职院校课堂信息化教学优化原则

高职院校要想更好地发展教育教学就需要对课堂教学模式进行优化，以下是教师在信息化教学中需要遵守的重要原则。

### （一）理论性原则

信息化课堂教学模式是对传统教学模式的优化，所应用的教学资源不变，在此基础上为社会培养优秀的技术型人才。教师在进行信息化课堂教学的时候，必须事先了解学生的学习目的，即教学目标，在此基础上提高学生的学习成效，培养学生的专业知识和技能。教师应当在讲解理论性知识的同时让学生进行课堂实践，使学生从实践中领悟真理。

### （二）实践性原则

高职院校在培养人才方面注重学生的实践能力，即培养学生专业技术的掌握能力，教师在进行教学的时候，通常先讲理论知识，再让学生就理论知识进行实践，从而提升学生的实践能力，使学生更好地掌握专业技术。教师在进行信息化课堂教学的时候，通常是由理论探索实践，提高了学生掌握知识的能力，同时也使学生对知识有更深刻的理解。

### （三）交互性原则

高职院校信息化课堂教学模式可以促进教师教学成效提升，使学生对知识的掌握能力更强，从而提高学生的实践能力。信息化课堂教学模式，打破了传统的教学模式，将传统的教师讲、学生听的教学模式优化为以学生为主、教师为辅的教学模式。在信息化课堂教学上，教师是学生学习的辅助者，在引导学生学习的时候适当地对学生做出指导，特别是指导学生进行网络资源学习，教师在对学生进行面对面指导的时候，既帮助学生解答了疑惑，又帮助学生更好

地掌握专业知识。

### （四）动态生成性原则

高职院校信息化课堂教学重视学生的自主学习能力，因此，就传统教学模式进行了优化，使学生在课堂学习中可以进行自主交流，通过实践不断提升自身能力。教师在信息化课堂教学中是学生的辅助者，教师在学生实践中对其进行指导，使学生不断完善自身知识架构，并从中发现乐趣，从而激发学生的学习兴趣。

### （五）互补性原则

高职院校需要对学生进行全面培养，教师应当通过多种方式进行教学，可以利用光、声、电等不同表现方式提升课堂的趣味性，以此提高学生的学习专注力。在课堂教学中，教师可以通过知识讲解和学生自主学习的方式实施交互式教学，提高学生的学习积极性，同时学生还可以在课后观看网络学习资源，以此提升自身对知识的理解能力。

### （六）学生中心原则

信息化教学模式是传统教学模式的优化，以培养学生全面发展、自主学习为重点。教师在对信息化课堂教学进行设计的时候，必须结合教学目标和学生发展需求，要使课堂教学更符合学生学习特点，这样才能使课堂教学达到教学目标。

### （七）立体化原则

高职院校信息化课堂教学建设是在高职院校实际情况的基础上进行发展的，培养学生的学习能力和实践能力，并根据学生的实际学习情况设计对应的教学内容。教师需要在教学过程中遵守以学生为主的教学原则，丰富教学形式，注重教学细节，更好地完成教学目标。

## 二、高职院校课堂信息化教学改良的重点

目前，高职院校信息化课堂教学建设还处于初级阶段，因此，高职院校应当重视信息化课堂的教学模式和教学质量。高职院校还需加强信息化教

学建设，完善教学方法和教学管理模式，在此基础上结合信息技术提高教学成效。不少高职院校在建设信息化教学的过程中还存在未充分使用信息技术以及教学质量不高等情况，教学质量可以直接决定学生的学习情况和教学成效，是课堂教学的必备条件。就提高高职院校信息化教学质量来看，必须注重教学资源的合理使用，以及教学方式的合理应用，从根本上提高教学质量。高职院校课堂信息化教学建设必须从实际出发，一味地为了形式而形式会使教学优化失去意义，同时课堂信息化教学绝不只是利用计算机技术教学那么简单，而是遵守以学生为主的教学原则，从学生实际学习情况和学习目标出发的新型教学模式。高职院校必须重视课堂信息化教学建设，深入研究教学方式和教学理念，优化教学内容和教学资源，从而在不同层面、维度提高课堂信息化教学成效。

## 第二节　高等职业院校课堂信息化教学发展策略

课堂信息化教学建设是信息时代高职院校教育教学发展的必然趋势。高职院校在推动课堂信息化教学发展的时候，必须在原有教学模式基础上进行优化，找到适合课堂信息化教学的方式，这样才能更好地发展信息化教学。

### 一、教学方法与过程建设

因材施教是中国教育教学的传统，基于此，课堂信息化教学可以更好地发挥应有的价值和作用。高职院校课堂信息化教学模式可以拉近师生之间的距离，增加学生与学生、学生与教师之间的交互性。课堂信息化教学模式打破了传统教学模式的空间、时间限制，可以针对不同学习情况的学生做出对应的指导，以此满足不同层次学生的学习需求。信息化时代下，教师要想提高教学成效就需要与时俱进，及时提高自身对信息技术的应用能力，不段探索传统课堂教学与信息化教学的不同，从而使传统教学模式更好地转向信息化教学模式。教师在进行信息化课堂教学的时候，必须充分发挥教学资源的价值，同时营造良好的学习氛围，提高课堂教学的趣味性，从而使学生在轻松、愉快的氛围中学习。

## 二、教学内容组织

高职院校在建设信息化教学模式的过程中出现了一些问题。以下是课堂信息化教学中出现的主要问题：教师在进行教学的时候通常忽视学生这一主体，导致学生没有充分的机会进行自主学习；教师在进行教学的时候没有深度考虑学生的学习特点，导致学生不能适应新形式的课堂教学；教师在对信息化课堂教学进行设计的时候，未重视对学生进行实践教学，导致理论与实践无法结合，使学生无法掌握专业技术；高职院校未对信息化教学内容进行重视，导致教学内容质量不高，无法真正起到提高学生专业能力的作用；教师在进行课堂教学的时候未合理融入教学方式，导致学生不能顺利进行互动、交流；教师过于注重教学结果，忽略学生的学习过程和学习感受；未正确认识信息化教学模式，没有对其进行深度研究，导致不能充分发挥信息化教学的作用；教师在进行课堂教学的时候，忽略了信息资源的优势，导致教学内容具有局限性。因此，教师应当提高自身对计算机技术的应用能力，不断创新教学方式，探究信息化教学模式，从而推动高职院校信息化教学建设快速发展。以下是推动高职院校信息化教学发展的主要方案。

### （一）教学目标

教师在进行信息化课堂教学设计的时候，必须先确立课堂教学目标，这样才能设计出满足学生学习需求的教学内容。教师必须根据教学目标设计教学内容，并将其与实践相结合，使学生在学习理论知识的同时也能进行实践活动，从而提高学生的专业能力，完成教学目标。

### （二）思维点拨

教师在对学生进行课堂教学的时候，都会对学生进行一定的引导，从而使学生更好地学习。教师必须具有指导学生学习的能力，并在学生学习时给予一定的引导，可以促进学生对知识的理解，从而提高学生的专业能力。信息化课堂教学模式是对传统教学模式的优化，教师在教学中必须遵循的教学原则就是以学生为主，教师应当做的是引导学生自主学习，给予学生足够的思考时间和交流时间，当学生答题遇到困难的时候需要从中引导学生，从而使学生正确分析问题。

### （三）知识架构

教师根据教学目标对教学内容进行设计，每节课的内容通常有很多，传统教学模式会造成教学内容的堆积，学生无法充分理解知识，同时也不便于复习。信息化课堂教学模式下学生为主、教师为辅，教师在教学的时候会引导学生对知识进行架构，以此提高学生对知识的理解能力，提高学生的自主学习能力，促使学生可以更好地进行课外复习，从而提高学生的学习成效，达到教学目标。

### （四）资源开发

教师在课堂信息化教学中必须重视培养学生的自主学习能力，引导学生在学习过程中主动发掘课程相关知识，在已有知识的基础上学会举一反三。教师必须重视教学资源的开发利用，充分发挥网络资源的价值，建立可供学生查找、学习的资源库。

### （五）三维评价

教师必须对课堂信息化教学做出评价，包括对教师教学情况的评价和对学生学习情况的评价，主要有以下两个方面，一是过程性评价，二是结果性评价。这两种评价包含了来自学生、教师、团队其他成员的综合评价，即三维评价。三维评价不只看中学生的成绩，也重视对学生学习过程的评价。教师在对学生进行综合评价的时候，通常会针对性地提出学习建议，这对学生的学习和发展起到了重要的推动作用。

## 三、媒体资源建设

信息化使高职院校课堂教学在信息技术的基础上构建了教学资源库，这些教学资源对学生学习起到了重要的作用。在课堂信息化教学过程中，教师会应用多种教学方式进行教学，例如，PPT式教学、影视资料、图文资料、实物模型等，这些都可以在线与学生进行交流分享，在网络技术的支持下，方便教师更好地讲解知识，优化了学生在课下的学习模式。信息化课堂教学主要以媒体教学资源为主，以下是媒体教学资源的主要形式。

## （一）电子教材

信息化时代使学生逐渐接受了信息化教学。目前，随着智能手机、电子设备等的发展加快，设备的功能也越来越强大，可以提高使用者的使用效率，从而使学生更喜欢用电子教材进行学习。因此，高职院校可以通过建立电子教材库加强信息化教学建设，同时还能培养学生的自主学习能力。

## （二）电子教案

高职院校信息化教学建设要求教师提高自身的计算机应用技能，为写电子教案打下基础。教师写的教案是其教学的重要依据，信息化时代的快速发展给教师教学带来了新的挑战，不仅优化了教学模式，还培养了学生的实践能力。信息技术使传统教案升级成为电子教案，优化了教师的教学过程，提高了学生的学习兴趣。电子教案的优势是使学生对知识的了解更加清晰，同时教师必须根据学生的实际学习情况制作电子教案，从而实现教学目标。教师在课堂教学前制作课件是为了更好地授课，利用多媒体进行课件制作可以提升课堂的教学氛围，激发学生的学习兴趣。

## （三）电子课件

电子课件可以使学生对知识点有更加深刻的理解，因此，教师在设计教学课件时，结合仿真技术、动画、视频等可以激发学生的学习兴趣，使教师更好地针对不同学生进行指导，从而提高学生学习效率，完成教学目标。信息化课堂教学上，教师必须在播放教学视频的时候做出相应引导，并给予学生充分思考的机会，加强学生之间的交流，从而使学生可以对知识有更深刻的理解。信息化时代下，教师需要正确认知自身在教学中的定位，努力发挥自己作为知识引导者的价值，不断地启发学生的学习思维，培养学生的自主学习能力、创新能力等。为社会发展培育人才，为高职院校信息化教育教学发展助力。

## 第三节　高等职业院校课堂信息化教学的应用措施

### 一、针对高等职业教育特点，筛选信息化教学资源

以下是高等职业院校与其他高等院校在教育方面的不同之处。

第一，高等职业院校重视学生的实践能力，是为社会培养专业技术型人才的地方，为社会发展助力。就学生学习和发展来看，不仅需要具备一定的专业知识，还需要具备一定的实践能力，为学生适应社会打下基础，使学生有能力在其岗位上解决相关问题。高等职业院校的教师重视培养学生的实践能力和解决问题的能力，在学习知识、掌握知识之上的部分，因此，从高等职业院校毕业的学生都是具备一定实践能力、工作能力的人才。

第二，高等职业教育在培养学生上通常会采用多元化的教学方式。教师在对学生进行知识传授的时候，会特别重视学生的实践能力，因此，教师除了对学生教授理论知识，还引导学生进行实践活动，从而使学生既掌握了专业知识，又掌握了相关专业技能。高职院校教学年限通常是三年，教师在这期间会采用多种方式进行教学，从而使学生对专业有全面的了解。同时，高职院校会组织学生到相关工作岗位实践，以此提升学生将知识应用到实践中的能力。目前，随着信息化的快速发展，教师在对学生授课的时候有了更多的教学方式，计算机技术、多媒体技术等都推动了高职院校信息化教学建设的发展。

以下就微课这种新型教学资源阐述信息化时代下的教学方式。信息化时代已经到来，微课由此产生，这是一种新型的知识传播载体，对知识信息具有一定的梳理、整理作用，可以使学生更清晰、直观地对知识信息进行了解，方便学生随时随地地进行学习，打破了时间、空间的限制，是传统学习模式的优化，同时也给教师带来了新的挑战。微课可以使学生随时随地学习，培养了学生的自主学习能力和建构知识框架的能力，提高了学生的学习效率。

高职院校在建设信息化教学的时候，必须为教师教学提供充足的教学资源，同时给学生提供充足的学习资源，还要给予学生可以充分进行实践的地

方，为学生更好地学习和发展打下基础，从而更好地将学生培养成技能型人才。

## 二、实训视频实时交互，增强课堂教学互动性

高职院校信息化教学资源建设的目的是为了提高教师的教学成效和学生的学习成效。教师利用信息技术对学生进行视频教学，激发了学生的学习兴趣，培养了学生的自主学习能力。信息化教学是传统教学的优化，促进了学生与学生、学生与教师间的交流、互动，为学生进行社会实践打下基础。

### （一）实训视频使信息化课堂教学更具专业性

高职院校教师在进行信息化教学前会对课堂教学进行设计，在教学目标的基础上应用多种教学模式设计信息化课堂教学，推动了信息化教学建设的发展。同时，教师还需提高自身对信息技术的应用能力，在教学能力的基础上应用信息技术进行教学，提高课堂教学成效，完成教学目标。教师在对学生进行信息化课堂教学的时候，可以对教学知识的相关资源进行展示，激发学生的学习兴趣，并将这些知识结合相关资源进行讲解，提高学生学习能力的同时拓展了学生的知识储备。

### （二）实训视频资料对立体化网络教学的意义

教师应用视频对学生进行教学，可以使学生直观地进行知识学习，同时可以使学生不断学习，从而掌握知识。建立实训视频平台是提升学生学习成效的重要举措，可以使学生对不熟悉的地方进行深入了解、学习，提高了学生的实践能力。教师在对学生进行教学的时候，将信息技术与课堂教学相结合，既使学生有充分的兴趣进行学习，也促进了学生与学生间的交流、互动。高职院校重视对学生实践能力的培养，是为社会培养专业型人才的地方。高职院校除了对学生进行专业课教学外，也会展开公共课教学。其中，专业课教学是满足学生发展对知识的需求，公共课是满足学生在社会工作的需求，同时培养学生成为全面型人才。

## 三、网络教学资源有偿共享商业化运营

信息化教学是高职院校教育教学发展的需要，是为满足社会发展对人才的

需要，为了适应信息化教学，高职院校对网络教学资源进行有偿共享，促进了信息化时代发展。信息资源共享是提高教育教学成效的重要组成部分，高职院校将授课的实时视频进行录屏，并针对不同专业建立微信、QQ 讨论群，建立付费教学资源共享模式，提高商业化运营模式，建立适合有偿资源共享发展的运行机制，积极拓展资源，实现高等职业院校教育教学资源优化，促进高职院校教育教学发展。

高职院校应当加强信息资源共享建设，基于市场对信息资源的需求不断优化信息资源质量，提高信息资源价值，从而促进信息资源共享建设更好地发展。高职院校在建立信息资源有偿共享的同时提高了教师的教学成效，增强了教师对课堂教学的重视度，为信息化教育教学发展打下了基础，从而使教学资源在信息化时代下可持续发展。

### 四、多方合作培养创新型人才

为适应信息化时代的发展需求，高职院校需要不断改善教学模式、提高教学成效，信息技术的快速发展给高职院校教育教学发展带来了新的机遇。信息化教育教学建设提高了高职院校的教学成效，同时促进了教育教学发展，高职院校基于校企合作建立了适合教育教学发展的信息化管理机制，充分发挥信息资源的作用和价值，为培养创新型人才打下基础。

高职院校发展信息化教学是培养创新型人才的重要举措，为实现高职院校教育教学发展现代化，高职院校不断加强校内信息化建设，研究信息化教学模式，提高学生学习兴趣，使教学资源充分发挥应有的价值。信息化教学模式必须在提高教师信息技术应用能力的前提下进行，同时提高校内信息化水平建设，追求实事求是，结合社会多方力量，发展满足社会需求的教育教学。

### 五、量身打造"微课"，充分利用信息资源

微课的优势主要包括明确、精简的内容，教师利用微课对学生进行教学可以提高学生对知识的建构能力。微课基于信息技术而产生，符合信息化时代的发展，是学生学习知识的重要媒介。微课的教学课程具有简短精炼的特征，可以加强学生对知识的理解能力，能使学生将已有知识与新知识更好地衔接。

为使学生更好地适应信息化教学,高职院校深度探究微课教学方式与教学价值,使学生能在课后再次学习自己不理解的知识,解决了学生对知识理解不够深刻的问题,激发了学生的学习兴趣,提高了教师的教学成效。

高职院校通过不断对信息化教学进行探索,根据实际问题和情况进行分析,已初步建立了信息化教学模式。例如,教师可以对课堂教学进行录制,将录制好的视频上传至微课,再由相关技术人员进行编辑,然后就可以推送给学生,使学生可以随时随地开展学习。此外,还可以将录制的视频上传至微信公众号平台,更方便地使学生对知识进行学习。学生在微课和微信公众平台都可以与教师进行交流,提高了学生的学习效率,推动了信息技术的发展,使信息教育进课堂、生活实践进课堂、创新教育进课堂。

总而言之,高职院校要想使微课持续发展,就需要以用促建,提高微课中信息资源的质量,从而提高学生的学习、实践成效。同时,必须对微课加强管理,实现课程化、专题化、系列化。高职院校应当充分认知信息化教学的作用和价值,发展多元化教学,从而使教育教学发展与时代发展相适应,使学生发展与社会对人才的需求相符合,真正做到学中做、做中学。

# 参考文献

[1] 杨苏东，陈琳，蔡金燕.《煤化工工艺》课程信息化教学设计——以《煤气中硫化物的脱除》为例［J］.化工设计通讯，2023，49（5）：113-115.

[2] 梁佩佩，邢倩倩，高剑萍.信息化教学背景下高职高等数学教学设计与实践——以"曲线的凹凸性与拐点"为例［J］.科技风，2023（14）：108-110.

[3] 林文良.高职院校学前美术信息化教学设计研究［J］.新美域，2023（5）：125-127.

[4] 沈洁，任玮.高职专业教师信息化教学能力四维培养模式与评价体系研究［J］.工业技术与职业教育，2023，21（2）：105-108.

[5] 杨霞姑.浅谈职业教育信息技术课堂教学改革与创新［J］.知识文库，2023（7）：110-112.

[6] 张佳，崔万秋，王敏.教师信息化教学能力研究现状与分析［J］.办公自动化，2023，28（7）：31-34.

[7] 曾妮，龙海，杨曼娜.高职院校教师信息化教学能力的提升策略［J］.机械职业教育，2023（2）：56-62.

[8] 董海云.浅谈信息化教学设计的探索与思考［J］.知识文库，2023（2）：103-105.

[9] 胡羽，强秀华，任颜华.信息技术在职业教育教学实践中的应用［J］.电子技术，2023，52（1）：157-159.

[10] 冯畅.新时代高职院校教师信息化教学能力提升策略［J］.河南教育：高等教育，2023（1）：79-81.

[11] 郝世选.我国高等职业院校信息化教学存在的问题及其优化路径［J］.濮阳职业技术学院学报，2023，36（1）：40-43.

[12] 孙雪蕾，范月圆，陈蓉."定时器中断的应用"信息化教学设计案例［J］.镇江高专学报，2023，36（1）：101-103.

［13］张赛，夏德印，朱金伟.高职院校信息化教学研究与实践——以电气自动化专业为例［J］.信息系统工程，2022（12）：161-164.

［14］王新丽."互联网+"时代计算机技术在高职院校信息化教学中的应用研究［J］.中国管理信息化，2022，25（24）：223-226.

［15］吉倩倩.信息化教学模式下的"建筑给排水工程"课程思政教学设计探讨［J］.广西城镇建设，2022（11）：71-78.

［16］邹娜娜，徐建华，徐林.高职院校课堂教学困境与解决路径——基于信息化教学"反向设计"研究［J］.会计师，2022（19）：125-128.

［17］崔晶飞，衣明.信息化时代职业院校3DMAX课程的信息化教学设计探索［J］.中国新通信，2022，24（18）：143-145.

［18］倪蕊.基于"互联网+"的以学生为中心的信息化教学设计［J］.科技风，2022（22）：100-102.

［19］尹德胜，彭长兰.职业院校化工专业微生物学基础课程信息化教学设计与实施［J］.化工管理，2022（19）：41-43.

［20］丁丽军，李艳艳，周红蕾.信息化教学在高职"宠物外产科病"教学设计中的实践应用——以犬吸入麻醉技术为例［J］.泰州职业技术学院学报，2022，22（3）：26-30.

［21］张伟，王志劼.现代信息技术环境下职业教育计算机专业课程教学策略研究——以"网络组建技术"为例［J］.济南职业学院学报，2022（3）：35-38.

［22］朱亮亮，陈高锋，付建军.基于现代信息技术的职业教育教学模式改革研究与实践［J］.陕西教育，2022（5）：45-46.

［23］陈焕文.现代信息技术与职业教育教学的融合应用［J］.中国新通信，2022，24（8）：149-151.

［24］加春燕.高职数学"五动"信息化教学设计与实施——以"数据拟合"模块为例［J］.北京工业职业技术学院学报，2022，21（2）：103-107.

［25］王炜，曹婷，陈萌.沉浸式学习：现代信息技术支持下职业教育新学习范式［J］.当代职业教育，2022（2）：80-87.

［26］白洁.高职物理化学课程信息化教学设计与实施［J］.杨凌职业技术学院学报，2022，21（1）：82-85.

[27] 吴萌, 张继玲, 王米雪, 等. 高职微生物学基础信息化教学设计与实践研究[J]. 科技视界, 2021 (34): 68-69.

[28] 李云松, 任万强, 郭雷岗. 基于职教云平台的高职单片机技术及应用课程信息化教学设计[J]. 职业技术, 2021, 20 (11): 54-59.

[29] 崔艳, 王勇. 新一代信息技术与职业教育信息化融合创新发展方案的研究[J]. 焦作大学学报, 2021, 35 (3): 108-110.

[30] 郭朝霞, 安婧. 高职信息化教学设计的研究与实践[J]. 内江科技, 2021, 42 (7): 117-118.

[31] 刘兰梅. 大数据背景下高职高等数学信息化教学设计研究[J]. 中国新通信, 2021, 23 (12): 205-206.

[32] 刘苗苗. 信息化教学设计向课堂教学转化的探索[J]. 无线互联科技, 2021, 18 (10): 165-166.

[33] 杨勇, 林旭, 康欢. 信息技术助力职业教育生态重构: 内生逻辑、标靶方向与推展路径[J]. 教育理论与实践, 2021, 41 (9): 24-30.

[34] 邹小丽, 丁晓红, 尚金燕, 等. 基于信息化教学的配位滴定法教学设计[J]. 海峡药学, 2021, 33 (2): 107-108.

[35] 贵颖祺, 唐植美. 信息技术时代职业教育智慧课堂的实践逻辑与建构[J]. 文化创新比较研究, 2021, 5 (3): 132-134.

[36] 吕立铭, 高娟. "互联网+教育"时代现代信息技术在职业教育应用中存在的问题及对策[J]. 广东职业技术教育与研究, 2020 (6): 83-85.

[37] 吕涵. 高职院校课程信息化教学设计的研究[J]. 无线互联科技, 2020, 17 (20): 117-118.

[38] 刘云, 罗润芝, 罗元东. 信息技术与职业教育教学融合策略分析[J]. 河北农机, 2020 (9): 73.

[39] 李婉. 高职"组织行为学"信息化教学设计与探索[J]. 科技视界, 2020 (25): 94-96.

[40] 杨艺萌, 康晓明. 基于信息技术视域下职业教育学习评价实施策略[J]. 高等职业教育: 天津职业大学学报, 2020, 29 (4): 50-54.

[41] 曾莺. 高职计算机信息化教学设计研究[J]. 造纸装备及材料, 2020, 49 (4): 215-216.

[42] 马潇潇. 微课在中职课堂信息化教学设计与应用中的探索[J]. 科学咨询：科技·管理，2020（8）：192.

[43] 张启雯. 九段教学策略在职业教育信息技术教学中应用的探讨[J]. 时代农机，2020，47（6）：125-127.

[44] 尹爱菊，濮毅. 数据共享视域下信息化教学设计新探[J]. 南昌师范学院学报，2020，41（3）：75-78.

[45] 袁硕. 信息化教学手段下的高职课程教学设计[J]. 才智，2020（15）：97.

[46] 崔维珊. 现代信息技术与职业教育教学的融合应用[J]. 发明与创新：职业教育，2020（1）：67.

[47] 刘晓艳，张瑾. 现代信息技术融合职业教育服务供给的路径对策——基于慕课发展视角[J]. 广东职业技术教育与研究，2019（4）：50-51.

[48] 李阳. 信息技术与课程整合在职业教育中的应用研究述评[J]. 信息记录材料，2019，20（2）：110-111.

[49] 王秀群，于长辉. 探析信息技术在职业教育教学中的引入措施[J]. 教育现代化，2018，5（47）：365-366.

[50] 刘珊珊. 现代信息技术在旅游职业教育中的应用与思考——以S旅游职业学院为例[J]. 度假旅游，2018（10）：77-78.

[51] 吴鸿飞. 关于信息技术教学与职业教育集团化办学的几点思考[J]. 科技资讯，2018，16（27）：167-168.

[52] 蒋庆磊，吴慧君，聂永涛. 基于信息技术的职业教育教学改革研究与探索[J]. 现代农村科技，2018（7）：88-90.

[53] 杨勇. 现代信息技术条件下职业教育课程建设与教学改革研究[J]. 职教论坛，2018（7）：52-56.

[54] 丑鑫，魏孔鹏. 信息技术与职业教育教学深度融合的研究[J]. 辽宁高职学报，2018，20（6）：5-7.

[55] 郭森，强乐，湛邵斌. 职业教育信息技术教学中的微课程设计[J]. 职业时空，2014，10（10）：41-43.

[56] 王锋，方军昌. "任务驱动"教学法在职业教育信息技术课中的运用[J]. 成功教育，2011（11）：136.

[57] 陈建树. 浅谈任务驱动教学法在中等职业教育信息技术基础课程中的应用[J]. 时代教育：教育教学版，2008（9）：257.